Kelsen | Vom Wesen und Wert der Demokratie

Hans Kelsen

Vom Wesen und Wert der Demokratie

Mit einem Nachwort von Klaus Zeleny

Reclam

Originalausgabe:
Hans Kelsen: Vom Wesen und Wert der Demokratie.
2., überarb. Aufl. Tübingen: J. C. B. Mohr, 1929.
[Der Anhang (S. 137–163) wurde für die vorliegende Ausgabe angefertigt.]

RECLAMS UNIVERSAL-BIBLIOTHEK Nr. 19534
2018 Philipp Reclam jun. Verlag GmbH,
Siemensstraße 32, 71254 Ditzingen
info@reclam.de

Gestaltung: Cornelia Feyll, Friedrich Forssman
Druck und Bindung: Elanders Waiblingen GmbH,
Anton-Schmidt-Straße 15, 71332 Waiblingen
Printed in Germany 2026
RECLAM, UNIVERSAL-BIBLIOTHEK und
RECLAMS UNIVERSAL-BIBLIOTHEK sind eingetragene Marken
der Philipp Reclam jun. GmbH & Co. KG, Stuttgart
ISBN 978-3-15-019534-5
reclam.de

Inhalt

VORBEMERKUNG.

Die bürgerlichen Revolutionen von 1789 und 1848 hatten das demokratische Ideal beinahe zu einer Selbstverständlichkeit des politischen Denkens gemacht; selbst wer sich seiner Verwirklichung mehr oder weniger zu widersetzen unternahm, glaubte dies meist nur mit einer höflichen Verbeugung vor dem grundsätzlich anerkannten Prinzip oder hinter einer vorsichtigen Maske demokratischer Terminologie wagen zu dürfen. Ein offenes und unumwundenes Bekenntnis zur Autokratie ist während der letzten Jahrzehnte vor dem großen Kriege weder bei einem bedeutenden Staatsmanne noch bei einem namhaften Literaten zu verzeichnen. Ja, trotz des während dieser Zeit stetig sich verschärfenden Klassenkampfes besteht zwischen Bourgeoisie und Proletariat in Bezug auf die demokratische Staatsform kein Gegensatz; Liberalismus und Sozialismus zeigen in diesem Punkte keine ideologische Differenz. Demokratie ist das die Geister im 19. und 20. Jahrhundert fast allgemein beherrschende Schlagwort. Gerade darum aber verliert es – wie jedes Schlagwort – seinen festen Sinn. Weil man es – dem politischen Modezwang unterworfen – zu allen möglichen Zwecken und bei allen möglichen Anlässen benützen zu müssen glaubt, nimmt dieser missbrauchteste aller politischen Begriffe die verschiedensten, einander oft sehr widersprechenden Bedeutungen an, sofern ihm nicht die übliche Gedankenlosigkeit des vulgär-politischen Sprachgebrauches zu einer keinen bestimmten Sinn mehr beanspruchenden, konventionellen Phrase degradiert.

Da zwingt die durch den Weltkrieg ausgelöste soziale Revolution zu einer Revision auch dieses politischen Wertes. Jene gewaltige Massenbewegung, die bisher mit größter Energie und mit größtem Erfolg auf eine Demokratie gerichtet war, die neben dem Sozialismus – wie ja der Name der führenden Partei bezeugt[1] – die Hälfte ihres geistigen Wesens darstellt, diese Bewegung staut, ja spaltet sich gerade an jenem Punkte, wo es gilt, nicht nur die Grundsätze des Sozialismus, sondern vor allem diejenigen der Demokratie zu verwirklichen. Während der eine Teil, zunächst zögernd und mannigfach gehemmt, schließlich aber doch wieder entschieden die alte Richtung weiter verfolgt, drängt der andere stürmisch und entschlossen einem neuen Ziele zu, das sich frei und offen als eine Form der Autokratie enthüllt.

Aber nicht nur die Diktatur des Proletariates, theoretisch begründet von der neukommunistischen Doktrin und praktisch realisiert von der Partei des russischen Bolschewismus, steht gegen das Ideal der Demokratie auf. Der gewaltige Druck, den diese Bewegung des Proletariates auf Geist und Politik in Europa ausübt, erzeugt als Gegendruck auch eine antidemokratische Haltung der Bourgeoisie. Sie findet im italienischen Faszismus theoretischen wie praktischen Ausdruck.

Demnach wird Demokratie, wie ehedem gegenüber der monarchischen Autokratie, so heute gegenüber der Parteidiktatur – von links und rechts – zum Problem.

I. DIE FREIHEIT.

In der Idee der Demokratie – und von ihr, nicht von der ihr mehr oder weniger angenäherten politischen Wirklichkeit soll zunächst die Rede sein – vereinigen sich zwei Postulate unserer praktischen Vernunft, drängen zwei Urinstinkte des geselligen Lebewesens nach Befriedigung. Fürs erste die Reaktion gegen den aus dem gesellschaftlichen Zustande fließenden Zwang, der Protest gegen den fremden Willen, dem sich der eigene beugen muss, gegen die Qual der Heteronomie. Es ist die Natur selbst, die sich in der Forderung der Freiheit gegen die Gesellschaft aufbäumt. – Die Last fremden Willens, die soziale Ordnung auferlegt, wird um so drückender empfunden, je unmittelbarer im Menschen das primäre Gefühl des eigenen Wertes sich in der Ablehnung jedes Mehrwertes eines anderen äußert, je elementarer gerade dem Herrn, dem Befehlenden gegenüber das Erlebnis des zum Gehorsam Gezwungenen ist: Er ist ein Mensch wie ich, wir sind gleich! Wo ist also sein Recht, mich zu beherrschen? So stellt sich die durchaus negative und tief innerst antiheroische* Idee der Gleichheit in den Dienst der ebenso negativen Forderung der Freiheit.

Aus der Annahme, dass wir – in der Idee – gleich seien, kann wohl die Forderung abgeleitet werden, dass einer den anderen nicht beherrschen solle. Allein die Erfahrung lehrt, dass wenn wir in der Wirklichkeit gleich bleiben wollen, wir uns beherrschen lassen müssen. Darum verzichtet die politische Ideologie keineswegs darauf, Freiheit und

* [David] Koigen, Die Kultur der Demokratie, 1912, S. 4.

Gleichheit miteinander zu verbinden. Gerade die Synthese beider Prinzipien ist für die Demokratie charakteristisch. Das hat ein Meister der politischen Ideologie, Cicero, in dem bekannten Worte zum Ausdrucke gebracht: »Itaque nulla alia in civitate, nisi in qua populi potestas summa est, ullum domicilium libertas habet: qua quidem certe nihil potest esse dulcius et quae, si aequa non est, ne libertas quidem est.«[2]

Dass die Idee der Freiheit in den Kalkül des von ihr negierten Sozialen, ja sogar des Politisch-Staatlichen eingehen kann, ist nur möglich vermittels eines Bedeutungswandels, in dem aus der absoluten Negation sozialer Bindung im Allgemeinen und daher des Staates im Besonderen eine spezielle Form derselben wird, die in Verbindung mit ihrem dialektischen Gegensatz alle mögliche Form des Staates, ja der Gesellschaft überhaupt repräsentiert: Demokratie und Autokratie.

Soll Gesellschaft, soll gar Staat sein, dann muss eine bindende Ordnung des gegenseitigen Verhaltens der Menschen gelten, dann muss Herrschaft sein. Müssen wir aber beherrscht werden, dann wollen wir nur von uns selbst beherrscht sein. Von der natürlichen Freiheit löst sich die soziale oder politische Freiheit ab. Politisch frei ist, wer zwar untertan, aber nur seinem eigenen, keinem fremden Willen untertan ist. Der prinzipielle Gegensatz der Staats- und Gesellschaftsformen ist damit eröffnet.

Von der erkenntnistheoretischen Seite aus gesehen: Soll überhaupt Gesellschaft als ein von der Natur verschiedener Systemzusammenhang möglich sein, dann muss neben der Naturgesetzlichkeit eine spezifische soziale Gesetzlichkeit gegeben sein. Dem Kausalgesetz tritt die Norm entgegen. Freiheit bedeutet ursprünglich, vom Standpunkte der Natur, die Negation der sozialen, vom Standpunkt der Gesellschaft die Negation der natürlichen (kausalen) Gesetzlichkeit (Willensfreiheit). »Zurück zur Natur« (oder zur »natürlichen« Freiheit) bedeutet nur: Los von der sozialen Bindung. Hinauf zur Gesellschaft (oder zur sozialen Freiheit): Freiheit von der Naturgesetzlichkeit. Dieser Widerspruch löst sich erst, sobald »Freiheit« zum Ausdruck einer spezifischen, nämlich der sozialen (d. h. ethisch-politischen und rechtlich-staatlichen) Gesetzlichkeit, sobald der Gegensatz von Natur und Gesellschaft zum Gegensatz zweier verschiedener Gesetzlichkeiten und sohin zweier verschiedener Betrachtungsrichtungen wird. –

Man pflegt die Freiheit als politische Selbstbestimmung des Bürgers, als Mitwirkung an der Bildung des herrschenden Willens im Staate, als die antike Freiheitsidee der germanischen entgegenzusetzen, die sich in der Vorstellung eines Freiseins von Herrschaft, eines Freiseins vom Staate überhaupt erschöpft. Indes handelt es sich dabei nicht eigentlich um einen historisch-ethnographischen Unterschied. Der Schritt von der germanischen zu der sogenannten antiken Gestaltung des Freiheitsproblems ist nur die erste Stufe jenes unvermeidlichen Wandlungsprozesses, jener Denaturierung, der der ursprüngliche Freiheitsinstinkt auf dem Wege unterworfen ist, den das menschliche Bewusstsein aus dem Zustande der Natur in den Zustand der staatlichen Zwangsordnung zurücklegt. Dieser Bedeutungswandel im Begriffe der Freiheit ist überaus charakteristisch für die Mechanik unseres sozialen Denkens. Die ungeheure, gar nicht überschätzbare Bedeutung, die gerade dem Freiheitsgedanken in der politischen Ideologie zukommt, ist nur erklärlich, soferne er aus einer letzten Quelle der menschlichen Seele, aus eben jenem staatsfeindlichen Urinstinkt entspringt, der das Individuum gegen die Gesellschaft stellt. Und doch wird in einer fast rätselhaften Selbsttäuschung dieser Freiheitsgedanke zum bloßen Ausdruck für eine bestimmte Stellung des Individuums in der Gesellschaft. Aus der Freiheit der Anarchie wird die Freiheit der Demokratie.

Der Wandel ist größer als es auf den ersten Blick erscheint. [Jean-Jacques] Rousseau, vielleicht der bedeutendste Theoretiker der Demokratie, stellt die Frage nach dem besten Staat – und das ist für ihn das Problem der Demokratie* – mit den Worten: »Wie findet man eine Gesellschaftsform, die jedes Glied verteidigt und schützt und in der jeder einzelne, obgleich er sich mit allen vereint, dennoch nur sich selbst gehorcht und so frei bleibt wie vorher«**[3]? Wie sehr ihm gerade die Freiheit der Grund- und

* Das ist freilich keine unvoreingenommene Problemstellung. Fragt man nach dem Wesen der Demokratie, darf man diese nicht von vornherein als beste Staatsform voraussetzen. – Das scheint bei der im Übrigen vorzüglichen Darstellung [Gustav F.] Steffens (Das Problem der Demokratie, 3. Aufl. 1917) zu unterlaufen, der in dem Bestreben, Demokratie als beste Staatsform zu erweisen, manchen ihrer charakteristischen Wesenszüge negiert, bloß weil er ihn – wenn auch vielleicht ganz mit Recht – für unvorteilhaft hält. – Natürlich ist das Gegenteil ebenso bedenklich. Man darf nicht die konstitutionelle Monarchie für die beste Staatsform halten, wenn man eine objektive »politische Beschreibung« der Demokratie geben will, wie dies bei [Wilhelm] Hasbach (Die moderne Demokratie, 1912) der Fall ist.

** Du contrat social. I. Buch, 6. Kapitel.

Eckstein seines politischen Systems ist, das zeigt auch sein Ausfall gegen das parlamentarische Prinzip in England. »Das englische Volk wähnt frei zu sein, es täuscht sich außerordentlich; nur während der Wahlen der Parlamentsmitglieder ist es frei; nach Schluss derselben lebt es in Knechtschaft, ist es nichts«*. Rousseau zieht bekanntlich die Konsequenz der Unmittelbarkeit der Demokratie. Allein selbst wenn der herrschende Staatswille durch unmittelbaren Volksbeschluss zustande kommt, auch dann ist der einzelne nur in einem Augenblicke frei, nur während der Abstimmung, und auch das nur, wenn er mit der Majorität und nicht mit der unterlegenen Minorität gestimmt hat. Darum scheint das demokratische Freiheitsprinzip zu fordern, dass die Möglichkeit einer Überstimmung auf ein Minimum beschränkt werde: Qualifizierte Majorität, womöglich Stimmeneinhelligkeit, werden als Garantien für die individuelle Freiheit angesehen. Allein sie sind bei der erfahrungsmäßigen Gegensätzlichkeit der Interessen für das praktische Staatsleben so indiskutabel, dass selbst ein Freiheitsapostel wie Rousseau Einstimmigkeit nur für den staatsbegründenden Urvertrag fordert. Und diese Beschränkung des Prinzipes der Einstimmigkeit auf den hypothetischen Akt der Staatsgründung ist keineswegs – wie man anzunehmen pflegt – bloß aus Opportunitätsgründen zu erklären. Dem aus der Freiheitsforderung entspringenden Prinzipe der Einstimmigkeit bei Abschluss des Grundvertrages würde, streng genommen, entsprechen, dass auch der Fortbestand der vertragsmäßigen Ordnung von der dauernden Zustimmung

* A. a. O. III. Buch, 15. Kapitel.

aller abhängig, dass somit jedermann frei sei, jederzeit die Gemeinschaft zu verlassen, sich der Geltung der sozialen Ordnung dadurch zu entziehen, dass er ihr seine Anerkennung verweigert. Hier zeigt sich deutlich der unlösbare Konflikt, in dem die Idee der individuellen Freiheit zur Idee einer sozialen Ordnung steht, die ihrem innersten Wesen nach nur in objektiver, d. h. nur in einer, letzten Endes von dem Willen des Normunterworfenen unabhängigen Gültigkeit möglich ist. Diese objektive Geltung sozialer Ordnung bleibt für eine auf das spezifisch Soziale gerichtete Erkenntnis zwar selbst dann unberührt, wenn der Inhalt dieser Ordnung irgendwie durch den Willen der Normunterworfenen bestimmt wird. Allein die formale Objektivität verlangt auch eine materielle. In dem Grenzfalle, wo das »du sollst« des sozialen Imperativs bedingt wird durch ein »wenn und was du willst« des Adressaten, verliert die Ordnung jeden sozialen Sinn. Darum muss, soll überhaupt Gesellschaft, soll insbesondere Staat sein, auch zwischen dem Inhalt der Ordnung und dem Inhalt der ihr unterworfenen Willen die Möglichkeit einer Differenz bestehen. Wäre die Spannung zwischen diesen beiden Polen, zwischen Sollen und Sein gleich Null, d. h. aber der Freiheitswert gleich unendlich, dann könnte von Unterworfenen überhaupt keine Rede mehr sein. Indem die Demokratie die nach der Idee der Freiheit – hypothetisch also – durch Vertrag, somit einstimmig zustandegekommene Ordnung durch Mehrheitsbeschluss fortbilden lässt, begnügt sie sich mit einer bloßen Annäherung an die ursprüngliche Idee. Dass noch von Selbstbestimmung die Rede ist und davon, dass jeder nur seinem eigenen Willen untertan, wenn der Wille der Mehrheit Geltung beanspruclit, das ist ein weiterer Schritt in der Metamorphose des Freiheitsgedankens*.

Aber auch der mit der Majorität Stimmende ist nicht mehr nur seinem eigenen Willen unterworfen. Das erfährt er sofort, wenn er seinen bei der Abstimmung geäußerten Willen ändert. Die rechtliche Unmaßgeblichkeit solcher Willensänderung zeigt ihm nur allzudeutlich den fremden Willen, oder, ohne Bild gesprochen: die objektive Geltung der Ordnung, der er unterworfen ist. Es müsste sich für seine Willensänderung eine Mehrheit finden, damit er, das Individuum, wieder frei sei. Und diese Konkordanz zwischen dem Willen des einzelnen und dem herrschenden Staatswillen ist um so schwieriger, diese Garantie für die individuelle Freiheit ist um so geringer, je qualifizierter die Majorität, die zur Erzeugung des abändernden Staatswillens erforderlich ist. Sie wäre so gut wie ausgeschaltet, falls Stimmeneinhelligkeit dazu nötig wäre. Hier zeigt sich eine höchst merkwürdige Doppelsinnigkeit

* Auch das Gewohnheitsrecht hebt den Gegensatz von sozialem Sollen und individuellem Sein nicht auf – wie es wohl scheinen möchte; aber es reduziert ihn auf ein Minimum, indem es gebietet: Verhalte dich so, wie sich deine Genossen für gewöhnlich zu verhalten pflegen. Das Unrecht, der Ordnungsbruch wird so von vornherein zu einer bloßen Ausnahme von der Regel des Seins. Darin erweist das Gewohnheitsrecht seinen demokratischen Charakter gegenüber der Satzung, zumal wenn diese – wie in älterer Zeit – als Befehl einer Gottheit, eines die Gottheit repräsentierenden Priesters oder eines von den Göttern abstammenden Heldenkönigs auftritt. Indem Theorie und Praxis des Gewohnheitsrechtes sich gerade zu Zeiten des politischen Absolutismus geltend machen, wirkt es – als konträres Prinzip und Gegengewicht – in der Richtung eines Machtausgleiches.

der politischen Mechanik. Was früher bei der ganz nach der Idee der Freiheit sich vollziehenden Gründung der Staatsordnung zum Schutze der individuellen Freiheit diente, wird nunmehr zu ihrer Fessel, wenn man der Ordnung sich nicht mehr entziehen kann. Staatsgründung, Urzeugung der Rechtsordnung oder des Staatswillens kommt ja in der sozialen Erfahrung so gut wie überhaupt nicht in Betracht. Man wird doch zumeist in eine fertige Staatsordnung hineingeboren, an deren Entstehung man nicht mitgewirkt hat, und die einem daher vom Anfang an als fremder Wille entgegentreten muss. Nur die *Fortbildung*, die *Abänderung* dieser Ordnung steht in Frage. Und unter diesem Gesichtspunkte bedeutet allerdings das Prinzip der absoluten (und nicht das der qualifizierten) *Majorität* die *relativ größte Annäherung an die Idee der Freiheit.*

Aus ihr ist das *Majoritätsprinzip* abzuleiten. Nicht aber – wie dies meist zu geschehen pflegt – aus der Idee der Gleichheit. Dass die menschlichen Willen untereinander gleich seien, ist wohl die Voraussetzung des Majoritätsprinzips. Allein dieses Gleich-Sein ist nur ein Bild, kann nicht die effektive Messbarkeit, die Summierbarkeit menschlicher Willen oder menschlicher Persönlichkeiten bedeuten. Es wäre unmöglich, das Majoritätsprinzip damit zu rechtfertigen, dass mehr Stimmen ein größeres Gesamtgewicht haben als weniger Stimmen. Aus der rein negativen Präsumtion, dass einer nicht mehr gelte als der andere, kann noch nicht positiv folgen, dass der Wille der Mehrheit gelten solle. Wenn man das Mehrheitsprinzip allein aus der Idee der Gleichheit abzuleiten versucht, hat es tatsächlich jenen rein mechanischen, ja sinnlosen Charakter, den man ihm von autokratischer Seite vorwirft. Es wäre nur der notdürftig formalisierte Ausdruck der Erfahrung, dass die Mehreren stärker sind als die Wenigeren; und der Satz: Macht geht vor Recht, wäre nur insoferne überwunden, als er sich selbst zum Rechtssatz erhöbe. Nur der Gedanke, dass – wenn schon nicht alle – so doch *möglichst viel Menschen frei* sein, d.h. *möglichst wenig Menschen mit ihrem Willen in Widerspruch zu dem allgemeinen Willen der sozialen Ordnung geraten sollen*, führt auf einem vernünftigen Wege zum Majoritätsprinzip. Dass dabei natürlich die Gleichheit als eine Grundhypothese der Demokratie vorausgesetzt wird, zeigt sich eben darin, dass nicht gerade dieser oder jener frei sein soll, weil dieser nicht mehr gilt als jener, sondern dass möglichst viele frei sein sollen. Und da ist eben die Konkordanz zwischen Einzel- und Staatswillen um so leichter, mit je weniger anderen Individualwillen eine Übereinstimmung notwendig ist, um eine Abänderung des Staatswillens herbeizuführen. Die absolute Majorität stellt hier tatsächlich die oberste Grenze dar. Bei weniger wäre die Möglichkeit gegeben, dass der Staatswille im Augenblicke seiner Erzeugung mit mehr Individualwillen in Widerspruch als in Einklang steht; bei mehr, dass eine Minderheit den Staatswillen – indem sie dessen Abänderung verhindert – im Widerspruch zu einer Mehrheit zu bestimmen vermag.

Der Wandel des Freiheitsbegriffes, der von der Vorstellung eines Freiseins des Individuums von staatlicher Herrschaft zur Vorstellung einer Beteiligung des Individuums an der staatlichen Herrschaft führt, bedeutet zugleich die Loslösung des *Demokratismus* vom *Liberalismus*.

Indem die Forderung der Demokratie in dem Maße als erfüllt gilt, als die der staatlichen Ordnung Unterworfenen an der Erzeugung dieser Ordnung beteiligt sind, wird das Ideal der Demokratie unabhängig von dem Umfang, in dem die staatliche Ordnung die – sie erzeugenden – Individuen erfasst, das heißt unabhängig von dem Grade, in dem sie in ihre »Freiheit« eingreift. Auch bei schrankenloser Ausdehnung der Staatsgewalt gegen das Individuum, also bei völliger Vernichtung der individuellen »Freiheit« und Negation des liberalen Ideals, ist Demokratie – wird solche Staatsgewalt nur von den ihr unterworfenen Individuen gebildet – noch möglich. Und die Geschichte zeigt, dass demokratische Staatsgewalt nicht weniger zur Expansion neigt als autokratische*.

Angesichts der unvermeidlichen Differenz zwischen dem Willen des einzelnen, der den Ausgangspunkt der Freiheitsforderung bildet, und der staatlichen Ordnung, die dem einzelnen als fremder Wille entgegentritt, selbst in der Demokratie entgegentritt, wo diese Differenz nur annäherungsweise auf ein Mindestmaß herabgesetzt ist, vollzieht sich ein weiterer Wandel in der Vorstellung von der politischen Freiheit. Die, im Grunde genommen, unmögliche Freiheit des Individuums tritt allmählich in den Hintergrund und die Freiheit des sozialen Kollektivums in den Vordergrund. Der Protest ge-

* Inwiefern der hier charakterisierte Wandel der Ideologie von Liberalismus oder Anarchismus zu einem etatistischen Demokratismus mit der Stellung der diese Ideologie tragenden sozialen Gruppen im Staate, insbesondere mit dem Verhältnis von Bourgeoisie und Proletariat zur Staatsgewalt zusammenhängt, vgl. meine Allgemeine Staatslehre, 1925, S. 32 f.

gen die Herrschaft von meinesgleichen führt im politischen Bewusstsein zu einer Verschiebung des Subjekts der – auch in der Demokratie unvermeidbaren – Herrschaft: zur Konstruktion der anonymen Person des Staates. Von ihr und nicht von äußerlich sichtbaren Menschen lässt man das Imperium ausgehen. Ein geheimnisvoller Gesamtwille und eine geradezu mystische Gesamtperson wird von den Willen und Persönlichkeiten der einzelnen losgelöst. Diese fiktive Isolierung vollzieht sich nicht so sehr gegenüber den Willen der Untertanen, als vielmehr gegenüber den Willen derjenigen Menschen, die die Herrschaft faktisch ausüben, und die nunmehr als bloße Organe eines hypostasierten Herrschaftssubjektes erscheinen. In der Autokratie gilt ein Mensch von Fleisch und Blut – wenn auch zu einem Gott erhoben – als Herrscher. In der Demokratie erscheint der Staat als solcher als Subjekt der Herrschaft. Hier verdeckt der Schleier der Staatspersonifikation das dem demokratischen Empfinden unerträgliche Faktum einer Herrschaft von Mensch über Mensch. Die für die Staatsrechtslehre grundlegend gewordene Personifikation des Staates hat zweifellos ihre Wurzel auch in dieser Ideologie der Demokratie.

Ist aber einmal die Vorstellung beseitigt, dass meinesgleichen herrscht, verschließt man sich nicht mehr der Erkenntnis, dass das Individuum, soferne es der Staatsordnung gehorchen muss, unfrei ist. Es verschiebt sich eben mit dem Subjekte der Herrschaft das Subjekt der Freiheit. Man betont zwar um so nachdrücklicher, dass das Individuum, soferne es in organischer Verbindung mit anderen Individuen die Staatsordnung erzeugt, in eben dieser Verbindung und nur in ihr »frei« sei. Der Rousseau'sche

Gedanke, dass der Untertan seine ganze Freiheit aufgibt, um sie als Staatsbürger wieder zurückzuerhalten, ist darum so charakteristisch, weil in dieser Unterscheidung von Untertan und Staatsbürger der gänzliche Standpunktwechsel in der sozialen Betrachtung, die völlige Verschiebung der Problemstellung angedeutet ist. Der Untertan ist das isolierte Individuum einer individualistischen, der Staatsbürger das unselbständige, nur Teil eines höheren organischen Ganzen bildende Glied des Kollektivwesens einer universalistischen Gesellschaftserkenntnis; eines Kollektivwesens, das von dem durchaus individualistischen Ausgangspunkt der auf Freiheit eingestellten Wertung einen transzendenten, metaphysischen Charakter hat*. Der Szenenwechsel ist ein solch vollständiger, dass es, im Grunde genommen, nicht mehr richtig ist, zumindest nicht mehr darauf ankommt, zu behaupten, der einzelne Staatsbürger sei frei. Die – von manchen Autoren auch folgerichtig gezogene – Konsequenz erfordert, dass, weil die Staatsbürger nur in ihrem Inbegriffe, dem Staate frei sind, eben nicht der einzelne Staatsbürger, sondern die Person des Staates frei sei. Das drückt auch der Satz aus, dass frei

* Rousseaus volonté générale – der anthropomorphe Ausdruck für die objektive, von dem Willen der Individuen, der volonté des tous, unabhängig gültige Staatsordnung – ist mit der Theorie des Staatsvertrages, der eine Funktion der subjektiven volonté des tous ist, völlig unvereinbar. Allein dieser Widerspruch zwischen einer subjektivistischen und einer objektivistischen Konstruktion oder – wenn man will – diese Bewegung von einer subjektivistischen Ausgangsposition zu einem objektivistischen Endresultat ist für Rousseau nicht weniger charakteristisch als für [Immanuel] Kant und [Johann Gottlieb] Fichte.

nur der Bürger eines freien Staates sei. An die Stelle der Freiheit des Individuums tritt die Souveränität des Volkes, oder was dasselbe ist: der freie Staat, der Freistaat als grundsätzliche Forderung.

Das ist die letzte Stufe in dem Bedeutungswandel des Freiheitsgedankens. Wer der Selbstbewegung nicht folgen will oder nicht zu folgen vermag, die dieser Begriff kraft immanenter Logik vollzieht, der mag sich über den Widerspruch aufhalten, der zwischen dem ursprünglichen und dem schließlichen Sinne liegt, und auf ein Verständnis der Schlussfolgerungen verzichten, die der geistreichste Schilderer der Demokratie gezogen, indem er auch vor der Behauptung nicht zurückschreckte, dass der Staatsbürger nur durch den allgemeinen Willen frei sei und dass man daher denjenigen, der diesem Willen den Gehorsam verweigert, indem man ihm gegenüber den Staatswillen erzwingt, zwingt – frei zu sein. Es ist mehr als paradox, es ist ein Sinnbild der Demokratie, wenn in der genuesischen Republik über den Gefängnistüren und auf den Ketten der Galeerensklaven das Wort »Libertas« zu lesen war*.

* Nach Rousseau a. a. O. IV. Buch, 2. Kapitel.

II. DAS VOLK.

Die Metamorphose des Freiheitsgedankens führt von der Idee zur Wirklichkeit der Demokratie. Deren Wesen kann nicht anders als in dem eigenartigen und für das Problem der Demokratie ganz besonders charakteristischen Gegensatz von Ideologie und Realität erfasst werden. Viel Missverständnis im Streit um die Demokratie entsteht immer wieder dadurch, dass der eine nur von der Idee, der andere nur von der Wirklichkeit des Phänomens spricht und beide sich darum widersprechen, weil keiner das Ganze: die Realität im Lichte der über ihr sich erhebenden Ideologie, die Ideologie im Hinblick auf die sie tragende Realität erfasst*. Und dieser Antagonismus von Idee und Wirklichkeit, er ist nicht nur von Bedeutung bei dem Grundprinzip der Demokratie, der Idee der Freiheit; er zeigt sich in allen sie aufbauenden Elementen. Und so insbesondere im Begriff des Volkes.

Demokratie ist der Idee nach eine Staats- oder Gesellschaftsform, bei der der Gemeinschaftswille, oder ohne Bild gesprochen, die soziale Ordnung durch die ihr Unterworfenen erzeugt wird: durch das Volk. Demokratie bedeutet Identität von Führer und Geführten, von Subjekt und Objekt der Herrschaft, bedeutet Herrschaft des Volkes über das Volk. Allein was ist dieses »Volk«? Dass eine Vielheit von Menschen in ihm zu einer Einheit sich gestalte, scheint eine Grundvoraussetzung der Demokratie

* Über den für alle sozialen Gebilde charakteristischen Dualismus von Ideologie und Realität vgl. mein Referat in den »Verhandlungen des Fünften Deutschen Soziologentages», Tübingen, 1926, S. 38 ff.

zu sein. Für diese ist das »Volk« als Einheit um so wesentlicher, als es hier nicht nur, ja nicht so sehr Objekt als vielmehr Subjekt der Herrschaft ist oder doch der Idee nach sein soll. Und doch ist für eine auf die Wirklichkeit des Geschehens gerichtete Betrachtung nichts problematischer als gerade jene Einheit, die unter dem Namen des Volkes auftritt. Von nationalen, religiösen und wirtschaftlichen Gegensätzen gespalten, stellt es – seinem soziologischen Befunde nach – eher ein Bündel von Gruppen als eine zusammenhängende Masse eines und desselben Aggregatzustandes dar*. Nur in einem normativen Sinne kann hier von einer Einheit die Rede sein. Denn als Übereinstimmung des Denkens, Fühlens und Wollens, als Solidarität der Interessen ist die Einheit des Volkes ein ethisch-politisches Postulat, das die nationale oder staatliche Ideologie mit Hilfe einer allerdings ganz allgemein gebrauchten und daher schon gar nicht mehr überprüften Fiktion real setzt. Es ist im Grunde nur ein juristischer Tatbestand, der sich als Volkseinheit einigermaßen präzise umschreiben lässt: Die Einheit der das Verhalten der normunterworfenen Menschen regelnden staatlichen Rechtsordnung**. In ihr konstituiert sich – als Inhalt der die Ord-

* Vgl. dazu meine Schrift: Der soziologische und der juristische Staatsbegriff, 2. Aufl., 1928, S. 4 ff.

** »Demokratisch gesehen gibt es gar keinen Volkswillen als Ganzes und Fassbares. Das Volk setzt sich aus den Willensäußerungen der Vielen zusammen. Indem die Vielen in gesetzliche, regelrechte Verhältnisse zueinander treten und Recht pflegen, wird die Mehrheit ihrer Willen zu einem Volkswillen. Dass der schöpferischen Rechtskraft ein besonderer Gemeinschaftswille neben dem Willen zum Schutz der Autonomie eines jeden innewohnt, fällt

nung bildenden Rechtsnormen – die Einheit der Vielheit menschlicher Handlungen, die das »Volk« als Element des Staates, als einer spezifischen sozialen Ordnung, darstellt. Als solche Einheit ist das »Volk« gar nicht – wie die naive Vorstellung vermeint – ein Inbegriff, ein Konglomerat gleichsam von Menschen, sondern nur ein System von einzelmenschlichen Akten, die durch die staatliche Rechtsordnung bestimmt sind. Denn niemals gehört der Mensch als Ganzes, d. h. mit allen seinen Funktionen, nach allen Richtungen seines seelischen und körperlichen Lebens zur sozialen Gemeinschaft; auch nicht zu jener, die ihn am stärksten ergreift, zum Staate*. Und dies am allerwenigsten zu einem Staate, dessen Form sich nach dem Ideale der Freiheit gestaltet. Stets sind es nur ganz bestimmte Lebensäußerungen des Individuums, die von der staatlichen Ordnung erfasst werden; stets muss ein mehr oder weniger großer Teil des menschlichen Lebens außerhalb dieser Ordnung bleiben, stets muss sich eine gewisse staatsfreie Sphäre des Menschen erhalten. Darum ist es eine Fiktion, wenn sich die durch die staatliche Rechtsordnung konstituierte Einheit einer Vielheit einzelmenschlicher Akte, indem sie sich als »Volk« bezeichnet, als »ein Inbegriff von Menschen« ausgibt und so vortäuscht, dass alle Menschen, die nur mit einzelnen ihrer von der staatlichen Ordnung gebotenen oder verbotenen Handlungen zum Staats-

den Ideologen der Demokratie nicht auf.« – Koigen a. a. O. S. 142. Hier drängt vielleicht der Gedanke hervor, dass die Einheit des Volkes nur als Organisation, d. h. aber als Rechtsordnung möglich ist. Daher auch die gelegentliche Frage Koigens: »Vielleicht decken gar die Begriffe Volk und Recht einander?« A. a. O. S. 7.

* Vgl. dazu meine Allgemeine Staatslehre, S. 149 ff.

volk gehören, mit ihrem ganzen Wesen dieses Staatselement bildeten. Diese Illusion ist es, die [Friedrich] Nietzsche in seinem »Zarathustra« zerstört, wenn er dort vom »Neuen Götzen« sagt: »Staat heißt das kälteste aller Ungeheuer. Kalt lügt es auch; und diese Lüge kriecht aus seinem Munde: Ich der Staat bin das Volk«*[4].

Ist die Einheit des Volkes nur die Einheit der durch die staatliche Rechtsordnung normierten Handlungen der Menschen, dann ist – in dieser normativen Sphäre, in der sich »Herrschaft« als normative Bindung, als Normunterwerfung darstellt – das Volk wiederum nur als Objekt der Herrschaft die gesuchte Einheit. Als Subjekt der Herrschaft kommen die Menschen hier nur in Betracht, soferne sie an der Erzeugung der staatlichen Ordnung beteiligt sind. Und gerade in dieser für die Idee der Demokratie entscheidenden Funktion, gerade soferne das »Volk« im Verfahren der Normerzeugung auftritt, zeigt sich die unvermeidliche Differenz zwischen diesem und dem als Inbegriff der Normunterworfenen bestimmten »Volk«. Denn dass nicht alle, die als Norm- oder Herrschaftsunterworfene zum Volke gehören, am Prozesse der Normerzeugung – und das ist die notwendige Form der Herrschaftsausübung – beteiligt sein, das Volk als Subjekt der Herrschaft bilden können, das versteht sich schon so sehr von selbst, dass den demokratischen Ideologen meist gar nicht bewusst ist, welche Kluft sie verhüllen, wenn sie das »Volk« in dem einen mit dem »Volk« in dem anderen Sinne identifizieren. Die Teilnahme an der Bildung des Gemeinschaftswillens ist der Inhalt der sogenannten politischen

* Also sprach Zarathustra, I. Teil.

Rechte. Das Volk als Inbegriff der politisch Berechtigten stellt auch in einer extremen Demokratie nur einen kleinen Ausschnitt des Kreises der durch die staatliche Ordnung Verpflichteten, des Volkes als Objekt der Herrschaft dar. Schon weil hier gewisse natürliche Schranken, wie *Alter*, geistige und moralische *Gesundheit* der Ausdehnung der politischen Rechte und damit des »Volkes« im aktiven Sinne im Wege stehen, Schranken, die für den Begriff des Volkes im passiven Sinne keineswegs existieren. Bezeichnend ist, dass die demokratische Ideologie noch viel weitergehende Einschränkungen des »Volkes«, als des Inbegriffs der an der Herrschaft Beteiligten, verträgt. Der Ausschluss der *Sklaven* und heute noch der *Frauen* von der politischen Berechtigung hindert durchaus nicht, eine Staatsordnung als Demokratie anzusprechen. Und als völlig selbstverständlich gilt jene Privilegierung, die das Institut der *Staatsbürgerschaft* begründet, weil man dieses – ein Irrtum, der gerade aus der zuletzt bezeichneten Tendenz der Einschränkung der politischen Rechte entspringt – für eine dem Staat begriffswesentliche Einrichtung hält*. Indes zeigt die Erfahrung der neuesten Verfassungsentwicklung, dass politische Rechte durchaus nicht an die Staatsbürgerschaft gebunden werden müssen. So gewährt die Verfassung Sowjet-Russlands, eine jahrtausendalte Schranke durchbrechend, auch allen Ausländern, die sich zu Arbeitszwecken in Russland aufhalten, die volle politische Gleichberechtigung. In der für das überaus langsame Fortschreiten des Menschheitsgedankens so charakteristischen Rechtsentwicklung, nach der der Staatsfremde

* Vgl. *meine* Allgemeine Staatslehre, S. 159 ff.

ursprünglich ein vogelfreier Feind, später allmählich und schrittweise bürgerlich gleichberechtigt wird, heute fast überall aber noch politisch rechtlos ist, setzt die Sowjetverfassung eine Tat von historischer Bedeutung. Freilich ist der Rückschritt nach anderer Richtung um so größer. (Indem gewisse Kategorien von Staatsbürgern unter dem Gesichtspunkte des Klassenkampfes von der politischen Berechtigung ausgeschlossen werden.)

Will man vom Idealbegriff des Volkes zu seinem Realbegriff vordringen, dann kann man sich nicht begnügen, den Inbegriff aller der Herrschaft Unterworfenen durch den viel engeren Kreis der politisch Berechtigten zu ersetzen; dann muss man noch einen Schritt weitergehen und die Differenz in Rechnung setzen, die zwischen der Zahl der politisch Berechtigten und der Zahl jener besteht, die ihre politischen Rechte wirklich ausüben; eine Differenz, die je nach dem Maße des politischen Interesses verschieden, stets aber eine erhebliche Größe darstellt und nur durch systematische Erziehung zur Demokratie verringert werden kann. Da das »Volk«, das die Grundlage der demokratischen Idee darstellt, das herrschende, nicht das beherrschte Volk ist, wäre vom Standpunkt realistischer Betrachtung sogar noch eine weitere Einengung des fraglichen Begriffes zulässig. Innerhalb der Masse jener, die, ihre politischen Rechte tatsächlich ausübend, an der staatlichen Willensbildung teilnehmen, müsste man zwischen jenen unterscheiden, die als urteilslose Menge ohne eigene Meinung dem Einflusse anderer folgen, und jenen Wenigen, die wirklich durch selbständige Willensentscheidung – der Idee der Demokratie entsprechend – Richtung gebend in das Verfahren der Gemeinschaftswillensbildung eingreifen. Eine solche Untersuchung stößt auf die Wirksamkeit eines der bedeutendsten Elemente der realen Demokratie: der politischen Parteien, die Gleichgesinnte vereinigen, um ihnen wirklichen Einfluss auf die Gestaltung der öffentlichen Verhältnisse zu sichern. Diese sozialen Gebilde haben zumeist noch einen amorphen Charakter; sie treten in der losen Form freier Vereinsbildung, häufig nicht einmal in dieser sondern ohne jede rechtliche Form auf. Und dennoch vollzieht sich in ihrem Schoße ein sehr wesentlicher Teil der Gemeinschaftswillensbildung: die für seine Richtung zumeist entscheidende Vorbereitung jenes Prozesses, der, durch die von den politischen Parteien ausgehenden Impulse wie durch viele unterirdische Quellen gespeist, erst in Volksversammlung oder Parlament an die Oberfläche tritt und hier in ein einheitliches Bett geleitet wird. Die moderne Demokratie beruht geradezu auf den politischen Parteien, deren Bedeutung um so größer ist, je stärker das demokratische Prinzip verwirklicht ist. Angesichts dieses Umstandes sind die – bisher freilich nur schwachen – Tendenzen begreiflich, die politischen Parteien verfassungsmäßig zu verankern, sie auch rechtlich zu dem zu gestalten, was sie faktisch schon längst sind: zu Organen der staatlichen Willensbildung.

Es würde sich dabei nur um eine Teilerscheinung jenes Prozesses handeln, den man treffend als »Rationalisierung der Macht« bezeichnet hat* und der Hand in Hand geht mit der Demokratisierung des modernen Staates.

* Vgl. dazu: B. [Boris] Mirkine-Guetzévich, Die Rationalisierung der Macht im neuen Verfassungsrecht, Zeitschr. für öff. Recht, VIII. Bd., 2. Heft, S. 259 ff.

Allerdings sind die Widerstände, die sich solcher Rationalisierung im Allgemeinen und der Ausgestaltung der politischen Parteien zu verfassungsmäßigen Organen des Staates im Besonderen entgegenstellen, nicht gering. Es ist ja noch nicht allzulange her, dass staatliche Gesetzgebung wie Vollziehung die Existenz der politischen Parteien offiziell ignorierten, oder sich diesen gegenüber direkt ablehnend verhielten. Und noch heute ist man sich nicht genügend bewusst, dass die Parteifeindlichkeit der alten Monarchie und dass der Wesensgegensatz, den die Ideologie speziell der konstitutionellen Monarchie zwischen der politischen Partei und dem Staate konstruierte, nichts anderes als eine schlecht verhüllte Feindschaft gegen die Demokratie bedeutet. Dass das isolierte Individuum politisch überhaupt keine reale Existenz hat, da es keinen wirklichen Einfluss auf die Staatswillensbildung gewinnen kann, dass also Demokratie ernstlich nur möglich ist, wenn sich die Individuen zum Zwecke der Beeinflussung des Gemeinschaftswillens unter dem Gesichtspunkt der verschiedenen politischen Ziele zu Gemeinschaften integrieren, so dass sich zwischen das Individuum und den Staat jene Kollektivgebilde einschieben, die als politische Parteien die gleich gerichteten Willen der Einzelnen zusammenfassen*: das ist offenkundig.

* Schon angesichts dieser durchaus kollektivierenden Tendenz der Partei, innerhalb deren der Einzelne noch mehr verschwindet als innerhalb des Staatsganzen, dessen Ordnung ihm subjektive Rechte und sohin die Stellung als Rechtssubjekt einräumt, muss es als ein Verkennen des Parteiwesens bezeichnet werden, wenn man dieses als Ergebnis einer »atomistisch-individualistischen Staatsauffassung« ansieht, so wie es [Heinrich]

Und so kann man ernstlich nicht bezweifeln, dass die von der politischen Theorie und der Staatsrechtslehre der konstitutionellen Monarchie beliebte Diskreditierung der politischen Partei ein ideologisch maskierter Stoß gegen die Realisierung der Demokratie war. Nur Selbsttäuschung oder Heuchelei kann vermeinen, dass Demokratie ohne politische Parteien möglich sei. Die Demokratie ist notwendig und unvermeidlich ein Parteienstaat.

Das ist die einfache Konstatierung einer Tatsache. Und schon diese Tatsache allein, von der man sich durch einen Blick auf die Entwicklung aller historischen Demokratien überzeugen kann, widerlegt die heute noch viel verbreitete These, dass das Wesen der politischen Partei mit dem Wesen des Staates unvereinbar sei, dass der Staat seiner Natur nach sich nicht auf sozialen Gebilden, wie es die politischen Parteien sind, aufbauen könne*. Die politische

Triepel, Die Staatsverfassung und die politischen Parteien, Berlin 1927, S. 31, tut. Der Individualismus ist natürlich gegen das Parteiwesen. So z.B. Rousseau, was ja Triepel, a.a.O. S. 10, selbst feststellen muss.

* Typischer Repräsentant dieses Dogmas: Triepel, dessen oben zitierte Schrift wesentlich der Darstellung dieser Auffassung dient. »Wie könnte auch« – sagt er – »die Rechtsordnung die staatliche Willensbildung an zentraler Stelle förmlich abhängig machen vom Willen gesellschaftlicher Organisationen, die nach Existenz, Umfang und Charakter die unberechenbarsten aller Massenzusammenhänge darstellen, die plötzlich entstehen und vergehen oder ihre Grundsätze wechseln können, die manchmal nach wenigen Jahrzehnten von ihren Grundlagen nichts mehr übrig haben als ihren Namen, die in gewissen Staaten nach ganz inkommensurablen, zuweilen nach politisch ganz nebensächlichen Prinzipien gebildet ... sind ...«; dass diese Charakterisierung der politischen

Parteien den tatsächlichen Verhältnissen in den großen Demokratien, wie z. B. in den Vereinigten Staaten und England, mit ihren relativ so festen Gebilden: der demokratischen und der republikanischen Partei dort, den Konservativen, Liberalen und der Labour-Party hier, entspricht, wird man wohl beim besten Willen nicht behaupten können. Triepel sagt selbst, dass hier »das Parteiwesen in einem Zweiparteiensystem erstarrt ist«. Aber auch nicht in Deutschland und Österreich und nicht einmal in Frankreich trifft das Triepelsche Bild die Wirklichkeit. In seiner Beschreibung der Parteien heißt es dann weiter: »... die ihrer Natur nach auf Eigennutz gestellt sind und deshalb schon von Haus aus der Einbeziehung in eine organische Staatsgemeinschaft widerstreben, die nicht einmal immer den Staat als solchen bejahen, deren vornehmste Tätigkeit im gegenseitigen Kampfe besteht.« Auf den »Eigennutz« als Grundlage der Parteien wird noch in anderem Zusammenhange zurückzukommen sein. Hier nur die Bemerkung, dass, wenn der »Eigennutz« der Parteien diese für eine Einbeziehung in die Staatsgemeinschaft ungeeignet macht, dann nicht so sehr die Existenz der Partei als die des Staates problematisch scheint; denn die Natur der Menschen, deren Gemeinschaft dieser Staat sein will, dürfte wohl nicht minder, ja offenbar in einem noch viel höherem Maße »der Eigennutz« sein. Der Eigennutz der Parteien aber kann nur von den Menschen stammen, die sie bilden. »Parteien«, die den Staat als solchen verneinen, gibt es wohl kaum. Parteimäßig organisiert zielt der Anarchismus realiter, – wenn man von seiner Ideologie absieht – wie alle nicht konservativen Parteien auf eine Umgestaltung der staatlichen Ordnung. – Triepel schließt: »... im Allgemeinen liegt in dem Gedanken des Parteienstaates ein schwer auflösbarer Widerspruch.« Er bezeichnet als die überwiegende Meinung in Europa – und das darf man wohl als die Form annehmen, in der Triepel seine eigene ausspricht: dass das moderne Parteiwesen »das Symptom einer Krankheit«, ein »Verfall« sei (S. 29). Es ist also im Wesentlichen dieselbe Anschauung, die – nach Triepels eigener Darstellung – »der deutsche Bürger der Biedermeierzeit« vertrat. Dieser »betrachtete die Parteien als eine Gefahr für die Ruhe des

Wirklichkeit beweist das Gegenteil. Was sich hier als »Wesen« oder »Natur« des Staates ausgibt, ist in Wahrheit – wie so oft – ein bestimmtes, und zwar antidemokratisches Ideal*. Was ist es denn, was die politische Partei in einem

Staates, ja er war nicht abgeneigt, das Parteiwesen als eine moralische Verirrung anzusehen« (S. 10). Dies nicht so sehr darum, weil der Bürger jener Zeit – wie Triepel glaubt – »kein Demokrat, sondern ein liberaler Mann« war – die Liberalen dieser Zeit waren auch Demokraten – sondern weil die – nicht zuletzt von der Staatsrechtswissenschaft erzeugte – Ideologie der Monarchie auf diesen »Bürger der Biedermeierzeit« ihre Wirkung geübt hatte!

* Wenn man – um ein politisches Postulat zu verteidigen – aus dem Wesen des Staates oder der staatlichen Rechtsordnung deduzieren will, dass die politische Partei mit diesen unvereinbar sei, muss man natürlich mit der Wirklichkeit – nicht nur des sozialen Geschehens, sondern des positiven Rechts und des gegebenen Staates – in Widerspruch geraten. Triepel stellt sich die Frage – er bezeichnet sie als »Schicksalsfrage« – ob der moderne Staat, und insbesondere der deutsche, die Natur eines Parteienstaates ... angenommen habe, d. h. eines Staates, der die politischen Parteien so fest in seine Organisation einbaut, dass staatliches Wollen und Handeln in entscheidenden Dingen immer auf Wollen und Handeln von Parteigemeinschaften beruht« (S. 7). Die Frage ist auf die Wirklichkeit – sei es im soziologischen, sei es im juristischen Sinne – gerichtet; die Antwort aber zielt auf einen Wert, und zwar auf einen politischen Wert, dem die Wirklichkeit nicht entspricht. Denn indem Triepel beweist, dass Staat und Partei in einem Wesensgegensatz stehen, will er zeigen, dass der moderne Staat kein Parteienstaat sei, weil es einen solchen – nach Triepels Lehre vom Wesen des Staates und der Partei – gar nicht geben könne! »In der Sphäre der Gesetzgebung und Regierung, im Bereiche der staatlichen »Integration«, auf den es uns letztlich doch allein ankommt, ist die Partei eine extrakonstitutionelle Erscheinung, ihre Beschlüsse sind, vom Standpunkt des Rechtes aus

gesehen, unverbindliche und unmaßgebliche Äußerungen eines dem Staatsorganismus fremden sozialen Körpers. Wenn man also erklärt, der moderne Staat sei auf den Parteien »aufgebaut«, so ist das eine rechtlich unhaltbare Behauptung« (S. 24, 25). Allein Triepel muss selbst zugeben, dass sich »unter dem Drucke der Verhältnisse« die ursprüngliche parteifeindliche Einstellung der staatlichen Rechtsordnung – es war die Rechtsordnung des monarchischen Staates – geändert habe (S. 15/16), und er selbst zählt eine stattliche Fülle von positiv-rechtlichen Bestimmungen auf, in denen die politische Partei als Faktor der Staatswillensbildung – so insbesondere im Wahlverfahren – konstituiert wird. Dass solche Entwicklung nicht noch weiter gehen könnte, kann ernstlich nicht behauptet werden. Dass einzelne ihrer Erscheinungen »merkwürdig« und »grotesk« seien (S. 22), sind subjektive Werturteile. An der Wirklichkeit des positiven Rechts können sie nichts ändern. Was soll es also für einen Sinn haben, wenn Triepel kategorisch erklärt, die Partei sei eine »extrakonstitutionelle Erscheinung«? Zumal er sogar zugibt, dass in Bezug auf die Wirksamkeit des Parteiwesens die tatsächlichen Verhältnisse noch weiter gediehen seien, als die Rechtsordnungen zum Ausdruck bringen, dass diese Erscheinungen »nichts Willkürliches oder Zufälliges«, sondern das Ergebnis eines »ganz natürlichen Prozesses« seien (27), was ihn freilich nicht hindert, sie später wieder als »Krankheitssymptome« und »Entartungen« zu bezeichnen. Ja, er meint sogar: »es hieße den Kopf in den Sand stecken, wenn man leugnen wollte, dass die Wirklichkeit des politischen Lebens mit dem Bilde, das vom positiven Rechte gezeichnet wird, in alle Wege nicht übereinstimmt. In Tat und Wahrheit sind es eben doch die politischen Parteien, denen die Regierung des Staates ausgeliefert ist« (S. 26). Um schließlich zu gestehen: »dass auch hier (in Deutschland) der Parteienstaat zur Tatsache geworden ist« (S. 27). Der Parteienstaat, der nach Triepel ein »Widerspruch« in sich selbst ist? In Bezug auf den er sagt: Es sei eine »rechtlich unhaltbare Behauptung« zu erklären, der Staat beruhe auf den Parteien, die er als »extrakonstitutionelle« Erscheinungen, als rechtlich nicht existent abtut? (S. 24, 25). Hat vielleicht Deutschland darum aufgehört

Wesensgegensatz zum Staate erscheinen lässt? Sie ist – so sagt man – eine bloße Gemeinschaft von Gruppeninteressen, ist also auf Eigennutz begründet, während der Staat

ein »Staat« zu sein, haben die Parteien aufgehört Parteien zu sein, weil Deutschland ein Parteienstaat ist?

Triepel hat gelegentlich gegen die von mir vertretene Reine Rechtslehre den Vorwurf des Formalismus erhoben und ihr eine Staatsrechtslehre entgegengehalten, »die dem Leben zugewandter« ist, die darangeht, »die Normen des Staatsrechts in die innigste Beziehung zu setzen zu den politischen Kräften, die sie schaffen und ausgestalten und die ihrerseits wieder vom staatlichen Rechte gemeistert werden«. (Staatsrecht und Politik, 1926, S. 17, 18). Ich fürchte, die Staatsrechtslehre Triepels steckt – zumindest in Bezug auf das Problem der politischen Partei – viel tiefer in einem lebensabgewandten Formalismus als die Reine Rechtslehre. Denn diese will nur eine Theorie des positiven Rechts sein; und wird sicherlich dieses auch dann gelten lassen, wenn es einen Inhalt annimmt, den der Theoretiker für schädlich hält. Gerade darum ist sie auf »Reinheit« bedacht, weil sie sich lieber den – im Übrigen ganz unverdienten und auch von Triepel nicht begründeten – Vorwurf des Formalismus, als jenen machen lassen möchte, dass sie sich nur einem »Leben« zuwendet, das ihr politisch sympathisch ist, und dass sie die Normen des Staatsrechts in die innigste Beziehung nur zu jenen »politischen Kräften« setzt, die ihr subjektiv wertvoll erscheinen. –

Das aber ist die für die traditionelle Staatsrechtslehre typische Methode! Was man politisch für wünschenswert hält, deduziert man aus dem Wesen oder Begriff des Staates, und was man politisch ablehnt, davon beweist man, dass es dem Wesen oder Begriff des Staates widerspricht. Ob das nicht die eigentliche »Begriffsjurisprudenz« ist? Solche Methode muss sich begreiflicherweise gegen die Trennung von Staatsrecht und Politik wenden; nur darf sie sich nicht wundern, wenn politische Gegner mit ihr auch das gerade Gegenteil beweisen.

das Gesamtinteresse repräsentiert, also *über* den Interessengruppen, jenseits der sie organisierenden politischen Parteien steht. Zunächst gibt es neben Interessenparteien auch Weltanschauungsparteien, die gerade innerhalb der *deutschen Staatlichkeit* eine große Rolle spielen. Indes muss zugegeben werden, dass sie sich von dem Boden realer Interessengemeinschaft nicht allzuweit entfernen können. Dann aber stellen sich die historischen *Staaten* einer realistischen Erkenntnis, die hinter den ideologischen Schein dringt, den jeder Machtapparat um sich verbreitet, zu allermeist als Organisationen dar, die überwiegend im Interesse einer herrschenden Gruppe funktionieren. Sie als Werkzeuge des Gesamtinteresses einer solidarischen Gemeinschaft ausgeben heißt bestenfalls: das Sollen für das Sein nehmen, an Stelle der Wirklichkeit das Ideal sehen, in der Regel jedoch nur: die Wirklichkeit – aus politischen Motiven – idealisieren, d. h. aber rechtfertigen. Im Übrigen ist das Ideal eines *über* den Gruppeninteressen und jenseits derselben stehenden und sohin »überparteilichen« Gesamtinteresses, einer Interessensolidarität aller Gemeinschaftsglieder ohne Unterschied der Konfession, Nation, Klassenlage usw. eine metaphysische, oder besser: eine metapolitische Illusion, die sich in der höchst unklaren Terminologie eines »organischen« Gemeinwesens oder einer »organischen« Gliederung desselben auszudrücken und dem sog. Parteienstaat, der mechanischen Demokratie entgegenzusetzen pflegt. Schon bei Beantwortung der Frage welch andere soziale Gruppen an Stelle der politischen Parteien als Faktoren der Staatswillensbildung treten sollen, zeigt sich, wie fragwürdig diese ganze gegen die politische Partei gerichtete Argumentation ist. Es bleibt nämlich fast nicht viel anderes übrig als den berufsständischen Gruppen die Rolle zuzuweisen, die heute die Parteien haben. Der Interessencharakter dieser Gruppen – deren politische Bedeutung später zu untersuchen sein wird – ist nicht geringer, ja womöglich noch stärker als der der politischen Partei, da es sich dort nur um materielle Interessen handeln kann*. Bei der nun einmal in der Erfahrung

* Triepel, der die politische Partei, weil sie auf »Eigennutz« gestellt ist, als konstitutives Element des Staates ablehnt, meint, die »berufsständischen Gebilde könnten als Fundament des Staates unter der Voraussetzung in Betracht kommen, dass sie »auf einer so großen Einfachheit und einer so vollständigen Gleichheit der Interessen ihrer Mitglieder beruhen, dass es in ihrem Kreise keine Gegensätze gäbe, die von den politischen Parteien als Einbruchsstelle benützt werden könnten« (S. 30). Dass die Parteien auf »Eigennutz« beruhen, bedeutet nur, dass sie Interessengemeinschaften sind. Mit den Berufsständen stellt man also den politischen Parteien nichts Andersartiges gegenüber: denn auch jene sind nur Interessengemeinschaften. Sie werden den politischen Parteien erst gewachsen sein – das ist der Sinn der Triepelschen Darlegung – wenn die Interessengemeinschaft, die sie repräsentieren, eine festere sein wird.
Wenn man den Parteienstaat, – und das bedeutet in Wahrheit: die moderne Demokratie – so von Grund aus ablehnt, ist man als Staatsrechtslehrer vom Rang Triepels verpflichtet, zu sagen, was man an dessen Stelle zu setzen wünscht. Das tut er auch. »Die atomistisch-individualistische Staatsauffassung«, die Triepel irrtümlich für die Wurzel des Parteiwesens hält, müsse »aufgegeben und durch eine organische ersetzt« werden. Worin soll nun das Wesen dieses »organischen« bestehen? Der Wandel werde sich nur langsam vollziehen. Aber die Stunde des Parteienstaates werde schlagen. Schon seien andere gemeinschaftsbildende Kräfte am Werke. »Diese werden allmählich in natürlicher Entwicklung« – aber auch den Parteienstaat hat nach Triepel ein »ganz natürli-

cher Prozess« herbeigeführt – »zu einer neuen Gliederung des Volkes führen, die aus einer seelenlosen Masse eine lebendige ›Einheit in der Vielheit‹ gestaltet«. Dass das Volk in der Demokratie – Triepel spricht nur vom Parteienstaat – eine »seelenlose Masse« darstelle, trägt nichts zur Aufklärung darüber bei, wie man sich das »Organische« im künftigen Staate vorstellen soll; die »Einheit in der Vielheit« ist wohl nur ein anderes Wort, das auch nichts sagt. Triepel meint: »Viele werden solche Voraussage eine romantische Illusion nennen«. Das ist nicht zu befürchten; denn diese »Voraussage« enthält überhaupt nichts. Darum wird man auf Grund dessen, was er bisher von dem werdenden neuen Staate verraten hat, dem seine Sympathie offenbar gehört, kaum verstehen, wenn er versichert, es seien »keine Märchen- und keine Spukgestalten, sondern sehr leibhaftige Wesen, die im Begriffe stehen, sich aus der mechanisierten Gesellschaft der Gegenwart zu organischen Formen zu gestalten«. Auch dass die demokratische Gesellschaft »mechanisiert« sei – ist nicht die Antwort auf die Frage, wie denn der »organische« Staat aussehen werde. Mehr als dass es eben ein »Organismus« sein werde, ist nicht zu erfahren: »Wenn es gelingt, die sich mit elementarer Gewalt aus dem Schoß des Volkes herausringenden Kräfte einer personell und territorial reich gegliederten neuen Selbstverwaltung wirtschaftlicher und geistiger Art« – »Selbstverwaltung« ist eine recht demokratische Einrichtung – »in den Dienst des Staates zu zwingen, der durch sie nicht zerstört, sondern zusammengehalten werden soll, wenn der Staat nicht abgebaut, sondern im Gegenteil von unten her aufgebaut sein wird, dann wird er zum echten Organismus geworden sein, ›wo alles sich zum Ganzen webt, eins in dem andern wirkt und lebt‹«. Triepel spricht zum Schluss den Wunsch aus, er »möge ein glückliches Geschlecht mit leiblichen Augen sehen, was uns Heutigen nur im Geiste als ein schönes Bild der Zukunft vorschweben kann« (S. 31). Er möge verzeihen, hinter seinen Worten ist – abgesehen von der Abneigung gegen die Demokratie – nichts zu sehen. Aber es ist ein überaus charakteristisches Dokument für die der demokratischen entgegengesetzte »organische« Staatsauffassung.

gegebenen und hier unvermeidlichen Interessengegensätzlichkeit kann der Gemeinschaftswille, wenn er nicht einseitig das Interesse nur einer Gruppe ausdrücken soll, nichts anderes als die Resultante, das Kompromiss zwischen entgegengesetzten Interessen sein. Die Gliederung des Volkes in politische Parteien bedeutet in Wahrheit: dass die organisatorische Bedingung für das Zustandekommen solcher Kompromisse, dass die Möglichkeit dafür geschaffen wird, dass sich der Gemeinschaftswille in der Richtung einer mittleren Linie bewege. Die Haltung, die sich gegen die Parteibildung und sohin letztlich und eigentlich gegen die Demokratie richtet, dient – bewusst oder unbewusst – politischen Kräften, die auf die Alleinherrschaft eines einzigen Gruppeninteresses zielen, das in demselben Maße als es das entgegengesetzte nicht zu berücksichtigen gewillt ist, sich ideologisch als »organisches«, »wahres«, »wohlverstandenes« Gesamtinteresse zu verhüllen strebt. Gerade weil die Demokratie als Parteienstaat den Gemeinschaftswillen nur als Resultante der Parteiwillen entstehen lassen will, kann sie auf die Fiktion eines überparteilichen »organischen« Gesamtwillens verzichten.

Die unaufhaltsame Entwicklung führt in allen Demokratien dazu, dass sich das »Volk« in politische Parteien gliedert, oder besser gesagt – da es vorher ein »Volk« als politische Potenz noch gar nicht gibt: Die demokratische Entwicklung lässt die Masse der isolierten Einzelindividuen sich zu politischen Parteien integrieren und entfesselt dadurch allererst soziale Kräfte, die man einigermaßen als »Volk« bezeichnen kann. Wenn die Verfassungen demokratischer Republiken – in diesem wie in so manchem anderen Punkte noch unter dem Einfluss der Ideologie der konstitutionellen Monarchie – den politischen Parteien die rechtliche Anerkennung verweigern, so kann dies nicht mehr – wie in der konstitutionellen Monarchie – die Bedeutung haben: die Realisierung der Demokratie zu hemmen, sondern nur mehr: vor Tatsachen die Augen zu verschließen.

Die verfassungsmäßige Verankerung der politischen Parteien schafft auch die Möglichkeit, die Gemeinschaftswillensbildung innerhalb dieser Sphäre zu demokratisieren. Dies ist um so notwendiger, als es vermutlich gerade die amorphe Struktur dieser Schichte[5] ist, die es begünstigt, dass die sich hier abspielenden Vorgänge der Gemeinschaftswillensbildung einen ausgesprochen aristokratisch-autokratischen Charakter haben*. Und dies auch innerhalb von Parteien mit extrem demokratischem Programm. Die Wirklichkeit des Parteilebens, in dem bedeutende Führerpersönlichkeiten sich noch viel stärker geltend machen können als innerhalb der Schranken einer demokratischen Staatsverfassung, dieses Parteileben, wo die sog. Parteidisziplin noch wirkt, während im Verhältnis zwischen den Parteien, d. h. in der Sphäre der parlamentarischen Willensbildung an ein Analogon, an eine Staatsdisziplin ernstlich gar nicht gedacht wird, bietet dem Individuum in der Regel nur ein sehr geringes Maß demokratischer Selbstbestimmung.

Der Wandel vom Idealbegriff zum Realbegriff des »Volkes« geht sohin nicht weniger tief als die Metamorphose der natürlichen zur politischen »Freiheit«. Daher muss man zugeben, dass die Distanz zwischen Ideologie und Realität,

* Dies hat Robert Michels in seiner Schrift: Zur Soziologie des Parteiwesens, 2. Aufl., aufgezeigt.

ja sogar schon zwischen Ideologie und dem Maximum ihrer Realisierungsmöglichkeit außerordentlich ist. So dass man Rousseaus bekanntes Wort, dass es eine Demokratie im eigentlichen Sinne des Wortes noch gar nicht gegeben habe und auch gar nicht geben könne, da es gegen die natürliche Ordnung verstoße, dass die größere Zahl regiere und die kleinere Zahl regiert werde*[6], für mehr als eine rhetorische Hyperbel nehmen möchte.

Damit, dass die natürliche Freiheit zur politischen Selbstbestimmung durch Majoritätsbeschluss, dass der Idealbegriff des Volkes zu dem viel engeren Inbegriff der politisch Berechtigten und ihr Recht Gebrauchenden zusammenschrumpft, ist die Reduktion noch keineswegs vollendet, die sich die Idee der Demokratie in der sozialen Wirklichkeit gefallen lassen muss. Denn nur in der unmittelbaren Demokratie, die mit Rücksicht auf die Größe des modernen Staates und die Vielfältigkeit seiner Aufgaben keine mögliche politische Form mehr darstellt, wird die soziale Ordnung tatsächlich durch den Beschluss der Mehrheit der politisch Berechtigten, ihr Recht in der Volksversammlung Ausübenden erzeugt. Die Demokratie des modernen Staates ist die mittelbare, die parlamentarische Demokratie, in der der maßgebende Gemeinschaftswille nur von der Mehrheit jener gebildet wird, die von der Mehrheit der politisch Berechtigten gewählt werden. So dass hier das politische Recht – und das ist die Freiheit – sich im Wesentlichen zu einem bloßen Stimmrecht abschwächt. Von allen bisher erwähnten, die Idee der Freiheit und sohin die Idee der Demokratie

* A. a. O. III. Buch, 4. Kap.

einschränkenden Elementen ist der *Parlamentarismus* vielleicht das Bedeutendste. Ihn gilt es vor allem zu verstehen, wenn das reale Wesen jener Gebilde begriffen werden soll, die heute als Demokratien angesehen werden.

III. DAS PARLAMENT.

Der Kampf, der Ende des 18. und anfangs des 19. Jahrhunderts gegen die Autokratie geführt wurde, war im Wesentlichen ein Kampf für den Parlamentarismus*. Von einer Verfassung, die der Volksvertretung entscheidenden Anteil an der Bildung des staatlichen Willens einräumt, die der Diktatur des absoluten Monarchen oder den Privilegien der ständischen Rechtsordnung ein Ende bereitet, erhoffte man damals allen erdenklichen politischen Fortschritt, die Bildung einer gerechten Gesellschaftsordnung, das Anbrechen einer neuen und besseren Zeit. Und obgleich der Parlamentarismus als die Staatsform des 19. und 20. Jahrhunderts immerhin auf recht respektable Leistungen hinweisen kann: die vollkommene Emanzipation des Bürgerstandes gegenüber den Privilegien der Geburtsstände, später dann die politische Gleichberechtigung des Proletariates und damit auch den Beginn der moralischen und wirtschaftlichen Emanzipation dieser Klasse gegenüber der besitzenden – so ist doch das Urteil, das die zeitgenössische Geschichtsschreibung und die politische Ideologie von heute über den Parlamentarismus fällt, kein günstiges. Von den Parteien der extremen Rechten wie der äußersten Linken wird das parlamentarische Prinzip immer entschiedener abgelehnt; der Ruf nach Diktatur oder berufsständischer Ordnung immer lauter erhoben. Und auch innerhalb der Parteien der Mitte lässt sich nicht eine gewisse Abkühlung gegenüber dem einstigen Ideal verken-

* Vgl. zum Folgenden m e i n e Schrift: Das Problem des Parlamentarismus, 1925 und die dort angegebene Literatur.

nen. Täuschen wir uns nicht darüber, man ist heute ein wenig parlamentsmüde geworden; wenn es auch vielleicht noch lange nicht so weit ist, dass man – wie manche Autoren – schon von einer »Krisis«, von einem »Bankerott« oder gar von einer »Agonie« des Parlamentarismus sprechen darf.

Zweifel an der Güte des parlamentarischen Prinzips sind freilich schon um die Mitte und das Ende des vorigen Jahrhunderts geäußert worden. Doch konnten unter der Herrschaft der konstitutionellen Monarchie solche parlamentsfeindliche Tendenzen begreiflicherweise keine große Bedeutung gewinnen. Gegenüber der langsam aber unaufhaltsam wachsenden demokratischen Bewegung, die im Parlament ihren Hauptstützpunkt fand, blieben sie wirkungslos. Etwas ganz anderes ist es aber, wenn der Parlamentarismus unter der vollen und uneingeschränkten Herrschaft des parlamentarischen Prinzips selbst, wie dies heute der Fall ist, in Frage gestellt wird. Innerhalb der demokratisch-parlamentarischen Republik ist das Problem des Parlamentarismus eine Schicksalsfrage. Davon, ob das Parlament ein brauchbares Werkzeug ist, die sozialen Fragen unserer Zeit zu lösen, davon hängt die Existenz der modernen Demokratie ab. Zwar sind Demokratie und Parlamentarismus nicht identisch. Allein da für den modernen Staat die unmittelbare Demokratie praktisch unmöglich ist, darf man wohl nicht ernstlich daran zweifeln, dass der Parlamentarismus die einzige reale Form ist, in der die Idee der Demokratie innerhalb der sozialen Wirklichkeit von heute erfüllt werden kann. Darum ist die Entscheidung über den Parlamentarismus zugleich die Entscheidung über die Demokratie.

Die sogenannte Krisis des Parlamentarismus ist nicht zuletzt hervorgerufen worden durch eine Kritik, die das Wesen dieser politischen Form unrichtig deutet, und darum auch ihren Wert falsch beurteilt. Was aber ist *das Wesen des Parlamentarismus?* Das objektive Wesen, das nicht verwechselt werden darf mit der subjektiven Deutung, welche die an der Institution Beteiligten oder Interessierten aus irgend welchen bewussten oder unbewussten Motiven heraus zu geben versuchen. Parlamentarismus ist: *Bildung des maßgeblichen staatlichen Willens durch ein vom Volke auf Grund des allgemeinen und gleichen Wahlrechtes, also demokratisch gewähltes Kollegialorgan, nach dem Mehrheitsprinzipe.*

Versucht man, sich der Ideen bewusst zu werden, die das parlamentarische System bestimmen, so zeigt sich, dass es der Gedanke der demokratischen Selbstbestimmung, also der Gedanke der Freiheit, ist, der hier dominiert. Der Kampf für den Parlamentarismus war ein Kampf für die politische Freiheit. Das vergisst man leicht, wenn man heute eine vielfach ungerechte Kritik gegen den Parlamentarismus richtet. Im Besitz der – schon selbstverständlich gewordenen und darum nicht mehr geschätzten – aber nur durch den Parlamentarismus garantierten Freiheit, glaubt man, auf sie als ein politisches Wertmaß verzichten zu können. Allein die Idee der Freiheit ist und bleibt die ewige Grunddominante aller politischen Spekulation, obgleich – oder gerade weil – die Idee der Freiheit ihrem tiefsten Wesen nach alles Soziale und damit alles Politische negiert und so gleichsam den Kontrapunkt aller Gesellschaftstheorie und Staatspraxis bildet. Eben darum kann – wie wir gesehen haben – die Freiheit nicht rein in die Sphäre des Sozialen oder gar des Politisch-Staatlichen eingehen, sondern muss sich mit gewissen ihr fremden Elementen amalgamieren.

Und so zeigt sich auch im Prinzipe des Parlamentarismus die Idee der Freiheit in einer doppelten, ihre ursprüngliche Kraft hemmenden Verbindung: Zunächst mit dem Majoritätsprinzip, dessen Verhältnis zur Freiheitsidee hier schon untersucht wurde und auf dessen reale Funktion im parlamentarischen System noch zurückzukommen ist. Das zweite Element aber, das eine Analyse des Parlamentarismus ergibt, ist die *Mittelbarkeit* der Willensbildung, die Tatsache, dass der staatliche Wille nicht unmittelbar durch das Volk selbst, sondern durch ein allerdings vom Volke geschaffenes Parlament erzeugt wird. Hier verbindet sich der Gedanke der Freiheit als der Gedanke der Selbstbestimmung mit dem unverzichtbaren Bedürfnis nach *Arbeitsteilung*, nach sozialer Differenzierung; mit einer Tendenz also, die zu dem primitivierenden Grundcharakter der demokratischen Freiheitsidee in Widerspruch steht. Denn nach dieser allein müsste der ganze staatliche Wille in allen seinen mannigfaltigen Manifestationen unmittelbar durch eine und dieselbe Versammlung aller stimmberechtigten Bürger gebildet werden. *Jede arbeitsteilige Differenzierung des staatlichen Organismus, die Übertragung irgendeiner staatlichen Funktion auf ein anderes Organ als das Volk bedeutet notwendigerweise eine Einschränkung der Freiheit.*

Der Parlamentarismus stellt sich somit als ein *Kompromiss* zwischen der demokratischen Forderung der

Freiheit und dem allen sozialtechnischen Fortschritt bedingenden Grundsatz differenzierender Arbeitsteilung dar. Allerdings hat man den Versuch gemacht, jene nicht unerhebliche Beeinträchtigung zu verhüllen, die der demokratische Gedanke dadurch erfährt, dass an Stelle des Volkes ein vom Volke sehr verschiedenes, wenn auch von ihm gewähltes Organ, das Parlament, den staatlichen Willen bildet. Zwar konnte man auf der einen Seite angesichts der Kompliziertheit der sozialen Verhältnisse die primitive Form der unmittelbaren Demokratie nicht ernstlich akzeptieren, weil man nicht auf die Vorteile der Arbeitsteilung verzichten konnte. Je größer die staatliche Gemeinschaft, desto weniger erweist sich das »Volk« als solches imstande, die wahrhaft schöpferische Tätigkeit der Staatswillensbildung unmittelbar selbst zu entfalten, desto mehr ist es schon aus rein sozialtechnischen Gründen gezwungen, sich darauf zu beschränken, den eigentlichen Apparat der Staatswillensbildung zu kreieren und zu kontrollieren. Anderseits aber wollte man den Schein erwecken, als ob auch im Parlamentarismus die Idee der demokratischen Freiheit, und nur diese Idee, ungebrochen zum Ausdrucke käme. Diesem Zwecke dient die Fiktion der Repräsentation, der Gedanke, dass das Parlament nur Stellvertreter des Volkes sei, dass das Volk seinen Willen nur im Parlament, nur durch das Parlament äußern könne, obgleich das parlamentarische Prinzip in allen Verfassungen ausnahmslos mit der Bestimmung verbunden ist, dass die Abgeordneten von ihren Wählern keine bindenden Instruktionen anzunehmen haben, dass somit das Parlament in seiner Funktion vom Volke rechtlich unabhängig ist*. Ja, mit dieser Unabhängigkeitserklärung des Parlamentes gegenüber dem Volke entsteht überhaupt erst das moderne Parlament, löst es sich deutlich von der alten Ständeversammlung ab, deren Mitglieder bekanntlich durch imperative Mandate ihrer Wählergruppen gebunden und diesen verantwortlich waren. Die Fiktion der Repräsentation soll den Parlamentarismus vom Standpunkt der Volkssouveränität legitimieren. Allein diese offenkundige Fiktion, dazu bestimmt, die wirkliche und wesentliche Beeinträchtigung zu verschleiern, die das Freiheitsprinzip durch den Parlamentarismus erfährt, hat den Gegnern das Argument in die Hände gespielt, dass die Demokratie sich auf einer handgreiflichen Unwahrheit aufbaue. So hat die Repräsentationsfiktion zwar ihre eigentliche Aufgabe, das Parlament vom Standpunkte der Volkssouveränität aus zu rechtfertigen, auf die Dauer nicht erfüllen können; sie hat aber dafür eine andere als die von ihr oder mit ihr beabsichtigte Funktion geleistet: Sie hat die unter dem gewaltigen Druck der demokratischen Idee stehende politische Bewegung des 19. und 20. Jahrhunderts auf einer vernünftigen mittleren Linie gehalten. Indem sie glauben machte, dass die große Masse des Volkes sich in dem gewählten Parlamente politisch selbst bestimme, hat sie eine exzessive Überspannung der demokratischen Idee in der politischen Wirklichkeit verhindert; eine Überspannung, die nicht ohne Gefahr für den sozialen Fortschritt, weil notwendig mit einer unnatürlichen Primitivierung der politischen Technik verbunden gewesen wäre.

* Über die Fiktion der Repräsentation vgl. meine Allgemeine Staatslehre, S. 310 ff.

Der fiktive Charakter des Repräsentationsgedankens ist begreiflicherweise insolange nicht in den Vordergrund des politischen Bewusstseins getreten, als die Demokratie noch im Kampfe gegen die Autokratie lag, und der Parlamentarismus selbst noch nicht restlos gegen die Ansprüche des Monarchen und der Stände durchgesetzt war. Unter der Herrschaft der konstitutionellen Monarchie, solange das vom Volke gewählte Parlament als die äußerste Möglichkeit dessen angesehen werden musste, was dem ehemals absoluten Monarchen politisch abzuringen war, hatte es noch keinen Sinn, eine Kritik der Staatsform unter dem Gesichtspunkte zu führen, ob das Parlament wirklich den Volkswillen restlos darstellen könne. Sobald aber das parlamentarische Prinzip – insbesondere in der Republik – zu einem vollen Siege gekommen, sobald an Stelle der konstitutionellen Monarchie die Parlamentsherrschaft getreten war und sich dabei auf den Grundsatz der Volkssouveränität berief, konnte der Kritik die krasse Fiktion nicht mehr verborgen bleiben, die in der – schon in der französischen Nationalversammlung von 1789 entwickelten – Theorie liegt, das Parlament sei seinem Wesen nach nichts als ein Repräsentant des Volkes, dessen Willen allein in den Parlamentsakten zum Ausdrucke komme. Und so ist es denn nicht zu verwundern, dass unter den Argumenten, die heute gegen den Parlamentarismus ins Feld geführt werden, an erster Stelle die Enthüllung steht, dass der durch das Parlament gebildete Staatswille durchaus nicht der Wille des Volkes sei, und dass das Parlament den Willen des Volkes schon darum nicht ausdrücken könne, weil nach den Verfassungen der parlamentarisch regierten Staaten ein Wille des Volkes – abgesehen vom Akte der

Parlamentswahl – überhaupt nicht gebildet werden könne.

Dieses Argument trifft zu; aber es kann nur insolange gegen den Parlamentarismus verwendet werden, als man diesen mit dem Prinzip der Volkssouveränität zu legitimieren sucht, als man sein Wesen restlos aus der Idee der Freiheit bestimmen zu können glaubt. Dann freilich hat der Parlamentarismus etwas zu leisten versprochen, was er nicht gehalten hat, und was er niemals zu halten imstande sein kann. Indes ist das Wesen des Parlamentarismus, wie eingangs gezeigt wurde, auch ohne Zuhilfenahme der Repräsentationsfiktion zu bestimmen und sein Wert als spezifisches, sozialtechnisches Mittel zur Erzeugung der staatlichen Ordnung zu rechtfertigen.

Begreift man den Parlamentarismus als das notwendige Kompromiss zwischen der primitivierenden Idee der politischen Freiheit und dem Prinzip differenzierender Arbeitsteilung, dann kann man auch schon deutlich die Richtung erkennen, in denen sich eine mögliche Reform des Parlamentarismus zu bewegen hat. Doch darf vielleicht vorher noch die Frage erörtert werden, ob eine völlige Beseitigung des Parlamentarismus überhaupt im Bereich des heute politisch Möglichen liegt, d. h. es soll die Chance untersucht werden, die ein Versuch hat, das Parlament aus der Organisation eines modernen Staates auszuscheiden.

Es ist gewiss kein Zufall, sondern entspricht einem Gesetz der Strukturbildung sozialer Körper, dass so etwas wie ein Parlament in jedem einigermaßen technisch fortgeschrittenen Gemeinwesen existiert. Es muss insbesondere zu denken geben, dass auch in ausgesprochenen Autokratien der Monarch sich gedrängt sieht, zu seiner Unterstützung eine Versammlung von Männern zu berufen, die ihm als Staatsrat oder unter einer ähnlichen Benennung zur Seite stehen und die sich ganz besonders für die Vorbereitung, Beratung, Begutachtung der allgemeinen Anordnungen, der generellen Normen darbietet, die im Namen des Monarchen ergehen. Wenn in einem größeren Gemeinwesen das Volk als solches in seiner Gesamtheit nicht imstande ist, den Gemeinschaftswillen unmittelbar zu erzeugen, so ist dies der Autokrat für sich allein ebensowenig imstande, und dies zum Teil aus den gleichen Gründen, als da sind: Mangel des Wissens und Könnens, Scheu vor Verantwortung. Der Umstand, dass die Mitglieder des Kollegiums das eine Mal vom Autokraten ernannt, das andere Mal vom Volke gewählt werden, ist gewiss von Bedeutung; aber doch wohl mehr vom Standpunkte der Ideologie als vom Standpunkte der sozialen Realität, das ist der realen Funktionen, die dieses Organ ausübt. Auch ist sicherlich von Bedeutung, ob ihm eine beratende oder eine beschließende Funktion zukommt; obgleich auch hier eine auf die tatsächlichen Beziehungen gerichtete, mehr auf die psychologische Wirksamkeit als auf die juristische Form bedachte Prüfung zwischen dem gesetzgebenden Parlament einer Demokratie und dem Staatsrat eines absoluten Monarchen mitunter keinen allzugroßen Unterschied wird feststellen können; besonders wenn man in Rechnung zieht, dass ein sehr bedeutsamer, wenn auch äußerlich nicht sichtbarer Teil der gesetzgeberischen Arbeit, auch in der modernen Demokratie, nicht eigentlich in dem parlamentarischen Verfahren, sondern bei der Regierung zu finden ist, die von der Möglichkeit der direkten und indirekten Initiative in parlamentarischen Demokratien keinen geringeren Gebrauch machen muss als in der konstitutionellen Monarchie; und dass andererseits die Autorität der in einem Staatsrat vereinigten Persönlichkeiten dieser Körperschaft sehr häufig dem absoluten Monarchen gegenüber einen viel stärkeren Einfluss sichert, als aus der Verfassung ersichtlich ist.

Dass sich innerhalb eines technisch entwickelten sozialen Körpers neben einem Organ für die Regierung (und dem diesen unterstellten Verwaltungsapparat) ein besonderes, und zwar kollegiales Organ für die Gesetzgebung bildet, scheint eine Notwendigkeit sozialer Entwicklung zu sein, die sich nicht zuletzt aus der Natur des Prozesses staatlicher Willensbildung ergibt. Dass das Phänomen, das man bildlich als »Willen« der Gemeinschaft im allgemeinen und des Staates im besonderen zu bezeichnen pflegt, kein real-psychischer Tatbestand ist, da es im psychologischen Sinne nur einzelmenschlichen Willen gibt, wird hier vorausgesetzt*. Der sog. »Wille« des Staates ist nur der anthropomorphe Ausdruck für die ideelle Ordnung der Gemeinschaft, die in einer Fülle einzelmenschlicher Akte gesetzt, sich als deren Sinn darstellt. Als der von solchen Akten getragene Sinn ist die Gemeinschaftsordnung ein Komplex von Normen, von Soll-Vorschriften, die das Verhalten der zur Gemeinschaft gehörigen Menschen bestimmen und dadurch allererst die Gemeinschaft als solche konstituieren. Dass sich die Gemeinschaftsglieder in bestimmter Weise

* Vgl. meine Hauptprobleme der Staatsrechtslehre, 2. Aufl., 1925, S. 97 ff. und Allgemeine Staatslehre, S. 65 ff.

verhalten sollen – in diesem geistigen Gehalt besteht die Gemeinschaftsordnung – diese durchaus geistige Relation drückt man am anschaulichsten und sohin für die große Masse, die es angeht, am verständlichsten aus, wenn man sagt: die – zur Person hypostasierte – Gemeinschaft, der Staat »will«, – wie ein Mensch oder Übermensch – dass sich die Staatsglieder in bestimmter Weise verhalten. Das »Sollen« der staatlichen Ordnung wird als »Wollen« einer Staatsperson vorgestellt. Die »Bildung des Staatswillens« bedeutet somit nichts anderes als den Prozess der Erzeugung der staatlichen Ordnung.

Er charakterisiert sich ganz wesentlich dadurch, dass er aus einer anfänglich abstrakten Form über mehr oder weniger Zwischenstufen in eine konkrete, aus einem Komplex genereller Normen in den Zustand individueller Staatsakte übergeht. Es ist ein Prozess – ganz anders als die Bildung des psychologischen Willens im Menschen – ein Prozess der Konkretisierung und Individualisierung, innerhalb dessen sich als zwei durchaus verschiedene Funktionen oder Stufen die Bildung der generellen und abstrakten Norm von der Setzung der konkreten und individuellen Verfügung, der Erlassung des Einzelbefehls oder der Einzelentscheidung deutlich abhebt. Die Verschiedenheit dieser Funktionen aufzuzeigen ist ein Problem der juristischen Phänomenologie*. Auch bei einer durchaus primitiven sozialen Gruppe lassen sich diese beiden verschiedenen Funktionen oder Stufen der Gemeinschaftswillensbildung konstatieren. Wenn auch ohne Wei-

* Vgl. [Adolf J.] Merkl, Allgemeines Verwaltungsrecht, 1928, S. 85, 157 ff.

teres zugegeben werden muss, dass der Anreiz zur Bildung eines besonderen Organes genereller Normerzeugung erst dann gegeben ist, wenn sich diese Stufe der Gemeinschaftswillensbildung aus dem Zustand unbewusster, gewohnheitlicher Übung der Normunterworfenen zu einem Verfahren bewusster Satzung erhebt. Nur eine sehr oberflächliche Betrachtung und eine solche, die sich besonders auf die primitivste Gruppe beschränkt, kann vermeinen, dass der die soziale Gruppe konstituierende Gemeinschaftswille unmittelbar und ausschließlich in der Form *individueller* Befehls- und Zwangsakte lebendig werden kann. Sie übersieht, dass eine wenn auch nicht bewusst gesetzte, aber doch im Bewusstsein aller oder gewisser Gruppengenossen lebendige *generelle* Ordnung notwendig ist, um die Funktion der individuelle Gemeinschaftsakte setzenden Organe zu ermöglichen. Und dass die Organe gerade einer primitiven Gruppe noch viel weniger als die eines modernen Staates nach freiem, durch keine generellen Normen gebundenem Ermessen verfügen und entscheiden können, sondern sich in sehr hohem Maße an generelle Normen gebunden fühlen; die um so wirksamer sind, als sie einen religiösen oder magischen Charakter haben. Mehr als in den individuellen Gemeinschaftsakten ist in den generellen Normen des gegenseitigen Verhaltens der Individuen die soziale Gemeinschaft in deren Bewusstsein lebendig. Die Funktion der *generellen* Normerzeugung wird aber stets die Tendenz haben, sich ein *Kollegial*organ und nicht ein Einzelorgan zu schaffen.

Der Versuch, das Parlament aus dem Organismus des modernen Staates gänzlich zu entfernen, dürfte daher für die Dauer kaum von Erfolg sein. Es kann sich im Grunde genommen nur um die Art und Weise handeln, wie das Parlament berufen und zusammengesetzt werden und welches Art und Ausmaß seiner Kompetenz sein soll. Und auf eine solche bloße Reform des Parlamentarismus laufen schließlich alle Bestrebungen hinaus, die auf ständische Gliederung des Staates oder auf Diktatur abzielen, wie sehr sie auch programmatisch die Vernichtung des Parlamentarismus postulieren mögen*.

* Im Anschluss an eine Bemerkung von Karl Marx, dass die Pariser Kommune des Jahres 1871 nicht eine parlamentarische, sondern eine arbeitende Körperschaft sein sollte, und dass das allgemeine Stimmrecht, statt einmal in 3 oder 6 Jahren zu entscheiden, welches Mitglied der herrschenden Masse das Volk im Parlament ver- oder zertreten soll, vielmehr dem Volke dazu dienen sollte, unmittelbar in die Verwaltung einzugreifen (Bürgerkrieg in Frankreich, 3. A. S. 47), hat Lenin in seinen für die Theorie des Neokommunismus grundlegenden Schriften die Beseitigung des Parlamentarismus gefordert (Staat und Revolution, 1918, S. 40 ff.). Er glaubte damit die wahre Demokratie zu treffen, allein er trifft nicht einmal den Parlamentarismus. Das von den Bolschewiki in der russischen Sowjetverfassung errichtete Vertretungssystem – auf eine Repräsentation überhaupt konnten und wollten sie aus praktischen Gründen natürlich nicht verzichten – ist in dem fraglichen Punkte nicht nur keine Überwindung der Demokratie, sondern eher eine Rückkehr zu ihr. Die kurze Mandatdauer, die Möglichkeit jederzeitiger Abberufung der in die verschiedenen Sowjets vom Volke Abgeordneten und die damit verbundene völlige Abhängigkeit von den Wählern, der innige Kontakt mit dem Urmaterial des Volkswillens – ist echteste Demokratie. Schon die Forderung nach steter und lebendiger Verbindung zwischen den Volksvertretern und ihren Wählern setzt voraus, dass die letzteren

ständig beisammen seien, um eine wirksame Kontrolle über ihre Abgeordneten zu führen. Periodische Wählerversammlungen könnten den Zweck nicht erreichen. Wenn aber der einzelne wirtschaftliche Betrieb, die Fabrik, die Werkstätte das Regiment zum Wahlkörper wird, in dem die Wahlberechtigten täglich in engster Fühlung, weil in Arbeitsgemeinschaft versammelt sind, wenn jeder einzelne Betrieb in den Lokalsowjet, die Lokalsowjets in die Provinzialsowjets und diese in das höchste Parlament, den allrussischen Kongress der Arbeiter-, Bauern- und Soldatenräte wählen, der seine legislativen und exekutiven Funktionen wieder einem aus 200 Mitgliedern bestehenden Zentralexekutivkomitee überträgt, dann ist nicht nur die Möglichkeit eines permanenten Volkswillens geboten, sondern auch die bestmögliche Garantie dafür geschaffen, dass sich dieser Volkswille nicht nach den Zufälligkeiten einer Wählerversammlung, sondern nach immanenter Gesetzlichkeit bilde, die – wenn überhaupt – in dem dauernden und innigen Kontakt der Arbeitsgemeinschaft des Betriebes zutage tritt. Dass aber im einzelnen Wirtschaftsbetrieb die Arbeiter an der Leitung beteiligt werden, oder die Leitung selbst übernehmen, das bedeutet nichts anderes als die Demokratisierung der Wirtschaft. Ihre Durchführbarkeit oder Zweckmäßigkeit steht hier nicht in Frage. Hervorgehoben werden soll nur, dass der Sozialismus mit dieser Forderung nur ein demokratisches Organisationsprinzip in Anwendung bringt.

Der demokratische Sinn der für die Sowjetverfassung so charakteristischen betriebsweisen Wählerorganisation mag – wie die Geschichte der Sowjetverfassung lehrt – nicht von Anfang an beabsichtigt gewesen sein. Aber die meisten sozialen Institutionen erlangen im Laufe der Entwicklung eine andere Bedeutung als mit ihnen ursprünglich verbunden wurde. Auch ist dieses Organisationsprinzip keineswegs konsequent durchgeführt und kann es auch gar nicht sein. Selbst wenn nur Werktätige wahlberechtigt sind – wie dies in der Sowjetverfassung der Fall ist – so gibt es doch zahlreiche Arbeiter, die nicht in Betrieben tätig sind; geistige Arbeiter, kleine Handwerker, vor allem aber: Kleinbauern. Daher muss die Räteverfassung einerseits andere Organisationen zur Ergänzung heranziehen, so die Gewerkschaften, anderseits für die landwirtschaftlich tätigen Wähler auf die betriebsmäßige Organisation ganz verzichten. Hier ist eine rein territoriale Einheit, das Dorf, die Grundlage des Wahlsystems. Aus dieser Vermengung der Organisationssysteme entstehen natürlich mannigfache Nachteile, auf die hier nicht weiter einzugehen ist. Ebenso nicht auf die wichtigere Frage, ob die mit der Verwendung des Betriebes als permanenten Wahlkörper verbundene Politisierung der wirtschaftlichen Produktion dieser nicht gefährlich werden kann. Die Erfahrungen in Russland bestätigen diese Befürchtung nur allzusehr. Doch ist gerade dieser Mangel überaus charakteristisch für die unmittelbare Demokratie, die ja in den antiken Stadtstaaten nur darum möglich war, weil die Gruppen der politisch Berechtigten und die der wirtschaftlich Werktätigen, nämlich die Sklaven, grundsätzlich auseinanderfielen.

Bei der praktischen Undurchführbarkeit der unmittelbaren Demokratie in wirtschaftlich und kulturell fortgeschrittenen Großstaaten führt das Bemühen, den Volkswillen in möglichst ständige und nahe Verbindung mit den nun einmal unvermeidbaren Volksvertretern zu bringen, führt die Tendenz nach wenigstens annäherungsweiser Unmittelbarkeit nicht etwa zu einer Ausschaltung oder nur Reduzierung, sondern, in einem gewissen Sinne gerade umgekehrt, zu einer ungeahnten Hypertrophie des Parlamentarismus. Die in bewusster und beabsichtigter Opposition gegen die repräsentative Demokratie der Bourgeoisie gerichtete Sowjetverfassung Russlands zeigt dies deutlich. An Stelle eines einzigen, aus allgemeinen Volkswahlen hervorgehenden Parlamentes tritt ein ganzes System zahlloser, pyramidenförmig aufgebauter Parlamente, die »Sowjets« oder Räte heißen und nur Vertretungskörper sind. Mit dieser Extensivierung des Parlamentarismus geht Hand in Hand seine Intensivierung. Aus bloßen »Schwatzbuden« sollen die Parlamente im Sinne des Neokommunismus zu wirklich arbeitenden Körperschaften werden. Das heißt aber: Sie sollen sich nicht darauf beschränken, Gesetze zu geben, generelle Normen, allgemeine Grundsätze aufzustellen, sondern auch die Aufgaben der Exekutive übernehmen und den Prozess der

Rechtserzeugung bis zur letzten Stufe der Konkretisierung, bis zum individuellen Staatsakt, zum besonderen Rechtsgeschäft vollenden. Auch auf diese Tendenz ist ja zurückzuführen, dass von dem obersten Zentralparlament in ihrem territorialen und fachlichen Wirkungskreis sich verengende Lokal- und Fachparlamente bis zum Einzelbetrieb strahlenförmig ausgehen. Nichts anderes als ein Versuch liegt vor: neben der Gesetzgebung nun auch die Verwaltung zu demokratisieren. An Stelle des bureaukratisch, d. h. aber autokratisch ernannten Beamten, der innerhalb des mitunter recht weiten Rahmens der Gesetze seinen Willen dem Untertanen verbindlich aufzuzwingen ermächtigt ist, tritt der bisher verwaltete Untertan selbst. Das Objekt der Verwaltung wird zu ihrem Subjekt. Allerdings nicht unmittelbar, sondern durch gewählte Vertreter. Die Demokratisierung der Exekutive ist zunächst nur eine Parlamentarisierung. Vergleiche dazu meine Schrift: Sozialismus und Staat, 2. Auflage, 1923.

Auch der Faszismus begann mit einem leidenschaftlichen Kampf gegen Demokratie und Parlamentarismus. Heute beruft er sich auf seinen plebiszitären – d. h. wohl unmittelbar und radikal – demokratischen – Charakter und hat bisher keineswegs das Parlament abgeschafft, sondern das Wahlrecht geändert, um der faszistischen Partei die Mehrheit im Parlament zu sichern. Vgl. dazu Robert Michels: Sozialismus und Faszismus in Italien, 1925, a. a. O. S. 298 ff. Dieser weist S. 301 darauf hin, dass sich der Faszismus in seiner antiparlamentarischen Tendenz auf Vilfredo Pareto stützt, dessen »Politisches Testament« (Testamento politico. Pochi punti d'un futuro ordinamento costituzionale, in Giornale Economico I Nr. 18) ausspricht, »dass zur Regierung zwar die Zustimmung der Massen, nicht aber ihre Mitwirkung nötig sei. Sich auf ein parlamentarisches Mehr stützen zu wollen, sei ungenügend, denn jede Majorität sei steter Gefahr der Zersplitterung und des Abfalles ausgesetzt. Mit bloßer Gewalt zu regieren, sei ebenfalls nicht ratsam. Die Basis der Regierung müsste außer in der Macht auch im Beifall der öffentlichen Meinung wurzeln; zu diesem Zwecke leisten Parlament und Referendum zumeist ganz nützliche Dienste. Deshalb ist auch Pareto immerhin nicht gesonnen, sich für die Abschaffung der Parlamente einzusetzen. Da die Einrichtung der Volksvertretung nun einmal bestehe, meint er, müsse man sie beibehalten. Die Aufgabe des Staatsmannes beschränke sich schlechterdings darauf, Mittel und Wege ausfindig zu machen, der Gefährlichkeit des Parlamentarismus nach Kräften vorzubeugen.« Welches ist aber das Mittel, das Pareto vorschlägt? Referendum und Pressfreiheit. Das sind radikal demokratische Elemente; und diese sich aristokratisch gebärdende, antidemokratische und antiparlamentarische Theorie endet schließlich, wenn sie nämlich praktisch-politische Vorschläge zu machen hat, haargenau an demselben Punkte, wie jene Theorie, die sie bekämpft. Und wenn Pareto – in der Darstellung Michels S. 302 meint: »Volksherrschaft ist nicht viel wert, aber sie ist immer mehr wert als die Herrschaft der Volksvertretung, es müsste sich also darum handeln, den Parlamentarismus zur Schonung der im Volke noch lebendigen demokratischen Ideologien als dekoratives Element zu belassen, ihn aber gleichzeitig unschädlich zu machen«, so ist das nicht – wie Michels meint – Machiavellismus, sondern einfach unaufrichtig, weil diese politische Theorie eben keine bessere Staatsform kennt als den durch Referendum eingeschränkten Parlamentarismus. Dass diese Staatsform als Übel, wenn auch als das relativ geringste empfunden wird, entspricht offenbar der durchaus liberalen Grundeinstellung, die für Pareto charakteristisch ist.

IV. DIE REFORM DES PARLAMENTARISMUS.

Die Reform des Parlamentarismus könnte in der Richtung versucht werden, das demokratische Element wieder zu stärken.

Wenn es auch aus sozialtechnischen Gründen nicht möglich ist, die staatliche Ordnung in allen ihren Stufen unmittelbar durch das Volk bilden zu lassen, so ist es doch möglich, das Volk an der Gesetzgebung in einem höheren Maße zu beteiligen, als dies in dem System des Parlamentarismus der Fall ist, wo das Volk auf den Akt der Wahl beschränkt bleibt. Es kann nicht geleugnet werden, dass die Regelung mancher Frage anders ausfallen würde, wenn nicht bloß das Parlament darüber zu beschließen hätte, sondern auch die Wählerschaft selbst befragt würde. Ob solcher Appell an das Volk auch eine Verbesserung der staatlichen Willensbildung bedeutet, steht hier nicht in Diskussion. Nur gegenüber dem den Parlamentarismus bekämpfenden Argument der Volksfremdheit muss darauf hingewiesen werden, dass das Institut des Referendums auch bei grundsätzlicher Aufrechterhaltung des parlamentarischen Prinzips einer Weiterentwicklung fähig und bedürftig ist. Es wäre durchaus im Interesse des parlamentarischen Prinzips selbst, wenn die Berufspolitiker, die heute eben Parlamentarier sind, ihre ja begreifliche Abneigung gegen das Institut des Volksentscheides zurückdrängten, und nicht nur – wie dies schon in einigen modernen Verfassungen geschehen ist – das sogenannte Verfassungsreferendum, sondern auch ein, wenn schon nicht obligatorisches, so doch fakultatives Gesetzesreferendum zuließen. Dabei empfiehlt es sich erfahrungsgemäß, das Volk über den Parlamentsbeschluss und nicht schon über das bereits kundgemachte und in Geltung stehende Gesetz abstimmen zu lassen. Als Bedingungen, an die eine Volksabstimmung zu binden ist, haben sich bisher bewährt: der Fall eines Konfliktes zwischen beiden Kammern, der Antrag des Staatsoberhauptes oder einer qualifizierten Minorität des Parlamentes. Soll dem immer stärker werdenden Drange nach möglichst unmittelbarem Einfluss des Volkes auf die Staatswillensbildung Rechnung getragen werden, dann muss, falls die Volksabstimmung sich in einen Widerspruch zu dem vom Parlamente gefassten Beschluss setzt, dieses aufgelöst werden, damit durch Neuwahlen ein Parlament gebildet werde, von dem man zwar noch immer nicht behaupten kann, dass es nur den Willen des Volkes zum Ausdrucke bringe, das aber doch wenigstens nicht zum Volkswillen in einen Gegensatz geraten ist.

Zu den Institutionen, die bei grundsätzlicher Aufrechterhaltung des Parlamentarismus dennoch eine gewisse unmittelbare Ingerenz des Volkes auf die Staatswillensbildung ermöglichen, gehört auch die sogenannte Volksinitiative: Eine bestimmte Mindestanzahl stimmberechtigter Bürger kann einen Gesetzesantrag stellen, zu dessen geschäftsordnungsmäßiger Behandlung das Parlament verpflichtet ist. Auch dieser Institution wäre mehr Raum zu geben, als dies in den älteren und auch in den neueren Verfassungen geschieht. Dabei wäre die Durchführung des Volksbegehrens technisch möglichst zu erleichtern, indem der Initiativantrag nicht schon einen ausgearbeiteten Gesetzentwurf, sondern nur allgemeine

Direktiven zu enthalten braucht. Wenn schon die Wählerschaft ihren Vertrauensmännern im Parlament keine bindenden Instruktionen geben darf, dann muss doch zumindest die Möglichkeit bestehen, dass aus dem Schoße des Volkes Anregungen laut werden, nach denen das Parlament die Richtung seiner gesetzgebenden Tätigkeit bestimmen kann.

Das imperative Mandat in seiner alten Form kann wohl nicht wiederkehren*; allein es lassen sich doch die unleugbaren Tendenzen, die heute nach dieser Richtung drängen, bis zu einem gewissen Grade in Formen bringen, die mit der Struktur des modernen politischen Apparates vereinbar sind. Schon die Einführung des Proportionalwahlsystems hat die Notwendigkeit strafferer Parteiorganisation mit sich gebracht, als dies bei dem einfachen Majoritätssystem erforderlich war. Und darum ist heute der Gedanke einer ständigen Kontrolle des Abgeordneten durch die zur politischen Partei organisierte Wählergruppe keineswegs von der Hand zu weisen. Die rechtstechnische Möglichkeit, eine solche Kontrolle durchzuführen, ist durchaus gegeben. Und eine durch das Gesetz

* Wie das politische Werturteil die Theorie beeinflusst, zeigt sich deutlich in der Stellung Steffens und Hasbachs zur unmittelbaren Demokratie und speziell zum imperativen Mandat. Weil er es für nachteilig hält, erklärt es Steffen, dem die Demokratie die beste Staatsform ist, für undemokratisch (a. a. O. S. 93), weil Hasbachs politisches Ideal der Demokratie entgegengesetzt ist, beeilt er sich, das auch von ihm für schädlich erkannte imperative Mandat für eine Konsequenz der Volkssouveränität zu erklären (a. a. O. S. 322). In diesem Punkte hat der Gegner der Demokratie ihr Wesen richtiger erkannt.

garantierte dauernde Fühlungnahme zwischen Abgeordneten und Wählerschaft würde die breiten Massen mit dem parlamentarischen Prinzipe versöhnen können. Die Unverantwortlichkeit des Abgeordneten seinen Wählern gegenüber, die zweifellos eine der Hauptursachen für die Missstimmung ist, die heute gegen die Institution des Parlaments herrscht, ist durchaus nicht, wie die staatsrechtliche Doktrin des 19. Jahrhunderts geglaubt hat, ein wesensnotwendiges Element des parlamentarischen Systems. Und so finden sich denn auch schon in den heute geltenden Verfassungen gewisse Ansätze, die Beachtung verdienen und einer Weiterentwicklung fähig sind.

Vorerst müsste aber jene Unverantwortlichkeit des Abgeordneten, die man als Immunität bezeichnet, und die nicht gegenüber den Wählern, sondern gegenüber den staatlichen Behörden und insbesondere den Gerichten Platz greift, und die seit jeher einen eisernen Bestandteil des parlamentarischen Systems gebildet hat, beseitigt oder doch zumindest eingeschränkt werden. Dass ein Abgeordneter von den Gerichten wegen einer Straftat verfolgt und insbesondere in Haft gehalten werden darf, nur wenn das Parlament zustimmt, dieses Privileg, entstanden zur Zeit der ständischen Monarchie, d. h. zur Zeit des heftigsten Gegensatzes zwischen Parlament und königlicher Regierung, es mag noch berechtigt gewesen sein innerhalb der konstitutionellen Monarchie, wo dieser Gegensatz von Parlament und Regierung noch immer, wenn auch in einem anderen Sinne als vordem, bestand und die – durch die Unabhängigkeit der Gerichte allerdings wesentlich geminderte – Gefahr nicht ganz beseitigt war, dass Abgeordnete von einer ihre Gewalt missbrauchenden Regierung ihrem parlamentarischen Berufe entzogen werden. Innerhalb einer parlamentarischen Republik aber, wo die Regierung nichts als ein Ausschuss des Parlamentes ist und unter der schärfsten Kontrolle der Opposition, ja der ganzen Öffentlichkeit steht, die Unabhängigkeit der Gerichte aber nicht minder garantiert ist als in der konstitutionellen Monarchie, hat es wohl wenig Sinn, das Parlament vor seiner eigenen Regierung schützen zu wollen. Aber auch als Schutz der Minorität gegen Willkür der Majorität – ein Bedeutungswandel, den manche aus der konstitutionellen Monarchie übernommene Institutionen in der demokratischen Republik erfahren – kann das fragliche Privileg nicht ernstlich in Betracht kommen. Schon darum, weil ja ein solcher Schutz gegen die Majorität solange unmöglich ist, als diese die Auslieferung der Abgeordneten an die verfolgende Behörde beschließen kann. Es liegt auf keinen Fall noch ein legitimer Schutzanspruch vor. Zumal wenn man bedenkt, dass es sich bei dem Privileg der Immunität praktisch wohl kaum um etwas anderes handelt als um eine durch nichts gerechtfertigte Herabsetzung des gerichtlichen Ehrenschutzes gegen Angriffe von Seiten der Abgeordneten. Gänzlich unmöglich aber ist heute die Praxis, strafrechtliche Tatbestände, die Abgeordnete im Laufe einer parlamentarischen Rede setzen, weil sie angeblich in der Ausübung ihres Berufes erfolgen, nur mit den zur Aufrechterhaltung der parlamentarischen Hausordnung bestimmten Disziplinarmitteln, wie den Ruf zur Ordnung oder den Ruf zur Sache usw. zu ahnden. Wenn der Parlamentarismus während der langen Dauer seines Bestandes sich nicht nur nicht die Sympathien der breiten Massen, sondern noch viel weniger die der Gebildeten verschafft hat, so ist es nicht zuletzt wegen des Missbrauches, zu dem das ganz unzeitgemäße Privilegium der Immunität führt.

Was aber die Unverantwortlichkeit der Abgeordneten gegenüber den Wählern betrifft, so bedeutet es schon eine Durchbrechung dieses Prinzipes, wenn manche neuere Verfassungen die Bestimmungen enthalten, dass der Abgeordnete zwar nicht an Aufträge seiner Wähler gebunden ist, jedoch sein Mandat verliert, sobald er aus der Partei, für die oder von der er gewählt wurde, ausscheidet oder ausgeschlossen wird. Eine solche Bestimmung ergibt sich als natürliche Konsequenz überall dort, wo nach dem System der gebundenen Liste gewählt wird. Denn wenn der Wähler – wie in diesem Falle – keinen Einfluss mehr auf die Auswahl der zu wählenden Abgeordneten hat, sein Abstimmungsakt sich vielmehr nur auf ein Bekenntnis zu einer bestimmten Partei beschränkt, der wahlwerbende Kandidat daher – vom Standpunkte des Wählers – nur auf Grund der Zugehörigkeit zur Partei des Wählers sein Mandat erhält, dann ist es nur folgerichtig, dass der Abgeordnete sein Amt verlieren muss, wenn er der Partei nicht mehr angehört, die ihn ins Parlament entsendet hat. Allerdings setzt dies feste und relativ dauernde Parteiorganisation der Wähler voraus. Wenn sich politische Parteien nur zum Zwecke einer Wahl bilden, um nach der Wahl wieder auseinanderzufallen, ist eine Bestimmung unmöglich, die den Fortbestand des Abgeordnetenmandates von dem Verbleiben bei jener Partei abhängig macht, für die oder von der der Abgeordnete gewählt wurde. Da es im Einzelfalle zweifelhaft sein kann, ob jemand einer bestimmten Partei noch angehört – ist z. B. ein Abgeordneter aus seiner Partei ausgeschieden, wenn er gegen deren Intentionen gelegentlich abgestimmt hat? – empfiehlt es sich, den Verlust des Mandates nur als Folge eines ausdrücklichen Austrittes oder Ausschlusses aus der Partei eintreten zu lassen. Eine gewisse Schwierigkeit bietet dabei nicht so sehr die Frage, wer über den Eintritt dieser Bedingung und sohin über den Mandatsverlust zu entscheiden hat – denn dies wird zweifellos am besten einem unabhängigen und objektiven Gerichte übertragen – als vielmehr die Frage, wer berechtigt sein soll, den Antrag auf Einleitung des Verfahrens zu stellen, das zum Mandatsverluste führt. Lässt man den Vertretungskörper selbst diesen Antrag stellen, läuft man Gefahr, dass wenn der mit Mandatsverlust bedrohte Austritt aus der Partei im Interesse der Majorität erfolgt ist oder gar eine neue Majorität schafft, der erforderliche Antrag gar nicht gestellt wird. Hier müsste eigentlich der politischen Partei selbst, deren Interessen durch den Austritt gefährdet werden, das Antragsrecht gegeben werden.

Viel weiter geht die russische Sowjetverfassung. Nach deren Bestimmungen können die Mitglieder der verschiedentlichen Räte von ihren Wählern jederzeit abberufen werden. Gerade dieses Moment hat der Sowjetverfassung bei der Arbeiterschaft des Auslandes viele Sympathien verschafft. Könnte man sich dazu entschließen, die politischen Parteien gesetzlich zu organisieren und in konsequenter Durchführung des Gedankens der Proportionalwahl den so gesetzlich organisierten Parteien die Auswahl der ihnen im Verhältnis zu ihrer ziffernmäßigen Stärke gebührenden Abgeordneten zu überlassen, dann stünde nichts im Wege, der zu einem Wesensbestandteil der Verfassung gewordenen Partei auch das Recht der Abberufung der Abgeordneten zu geben. Ja, dann könnte man auch dem Gedanken näher treten, die politischen Parteien nicht zu zwingen, eine gewisse, im Verhältnis zur Stärke der Partei stehende Zahl von individuell bestimmten Abgeordneten ins Parlament zu entsenden, die – stets dieselben – bei Entscheidung aller, auch der sachlich divergierendsten Fragen mitzuwirken haben, sondern man könnte es der Partei überlassen, je nach Bedarf zur Beratung und Beschlussfassung über die verschiedenen Gesetze aus ihrer Mitte die ihr zur Verfügung stehenden Fachmänner zu delegieren, die jeweils mit der der politischen Partei nach dem Proporz zukommenden Stimmenanzahl auf die Entscheidung Einfluss nehmen*.

Mit einer Reform nach dieser Richtung käme man einem Argument entgegen, das nächst demjenigen der Volksfremdheit in neuerer Zeit am meisten gegen den Parlamentarismus geltend gemacht wird. Man wirft nämlich den modernen Parlamenten vor, dass ihnen schon wegen ihrer Zusammensetzung all die Fachkenntnisse fehlen, die notwendig sind, um gut Gesetze auf den verschiedenen Gebieten des öffentlichen Lebens zu machen. Während man mit der Behauptung, der Parlamentswille gebe sich nur fälschlich als Volkswille aus, an die Idee der Freiheit appelliert, die der Parlamentarismus nicht oder nicht genügend verwirkliche, zielt das Argument von der mangelnden Fachqualität der Parlamente in die entgegengesetzte Richtung; nämlich diejenige der differenzierenden Arbeitsteilung.

* Vgl. R. M. Delannoy, Von der gebundenen Liste zur reinen Parteiwahl, Der österreichische Volkswirt, 17. Jahrgang Nr. 34, S. 930 ff.

Und dementsprechend will man, das Prinzip der Arbeitsteilung weiter verfolgend, an Stelle des zentralen und universalen Gesetzgebungskörpers, der, nach demokratischen Prinzipien gewählt, zu keiner besonderen Tätigkeit sachlich qualifiziert ist, für die verschiedenen Gebiete der Gesetzgebung Fachparlamente treten lassen, die sich etwa an die Ressorteinteilung der Verwaltung anschließen und für die schon in den Fachausschüssen der Parlamente gewisse Ansätze vorhanden sind. Diese haben ja, da in ihnen die entscheidende Arbeit geleistet wird, schon jetzt das Plenum zu einem bloß formellen Abstimmungsapparat herabgedrückt. Soferne diese Fachparlamente – die ein allgemeines politisches Parlament als zusammenfassendes Organ nicht überflüssig machen können – nicht durch allgemeine Wahlen aus der Gesamtheit gebildet werden, sondern aus fachlich, d. i. berufsständisch gegliederten Wählergruppen hervorgehen sollen, muss in solcher Forderung noch keineswegs die Aufhebung, sondern nur eine Reform der Demokratie und speziell des Parlamentarismus in der Richtung einer berufsständischen Organisation der staatlichen Willensbildung gesehen werden. Es ist besonders der Gedanke eines Wirtschaftsparlamentes, der neuestens nach Verwirklichung strebt; zunächst noch freilich neben dem alten Parlament als begutachtender, beratender, eventuell mit suspensivem Veto ausgestatteter Körper, bei dessen Zusammensetzung die mannigfachen Gegensätze innerhalb der Produktion, wie etwa der Gegensatz zwischen Landwirtschaft und Industrie, Fabrikation und Handel, aber auch der Gegensatz von Produzenten und Konsumenten, Unternehmern und Arbeitern einen Ausgleich finden sollen.

Der Gedanke, ein allgemeines politisches Parlament, das nach demokratischen Prinzipien gebildet wird, zusammen mit einem nach berufsständischen Grundsätzen organisierten Vertretungskörper den staatlichen Willen bilden zu lassen, wobei beide Kammern grundsätzlich gleichberechtigt sein sollen, ist nach mehr als einer Richtung hin problematisch. Da sich bei den meisten Angelegenheiten eine reinliche Scheidung nach dem Gesichtspunkte »politisch« oder »wirtschaftlich« nicht durchführen lässt, da die meisten wirtschaftlichen Angelegenheiten politische und die meisten politischen Angelegenheiten wirtschaftliche Bedeutung haben, werden alle wichtigeren Materien nur durch einen übereinstimmenden Beschluss beider Kammern geregelt werden können. Welchen Sinn es aber haben soll, ein Gesetzgebungsorgan aus zwei Teilorganen zusammensetzen, von denen jedes nach gänzlich verschiedenen Grundsätzen gebildet wird, ist unerfindlich. Eine Übereinstimmung zwischen den beiden so konstruierten Kammern kann mehr oder weniger nur eine zufällige sein.

V. DIE BERUFSSTÄNDISCHE VERTRETUNG.

Indess geht man vielfach noch über eine bloße Reform hinaus und fordert von konservativer Seite die Ersetzung des demokratischen Parlamentarismus durch eine berufsständische Organisation. An Stelle der »mechanischen« soll eine »organische« Gliederung des Volkes treten und bei der Bildung des Staatswillens nicht der äußere Zufall der Majorität entscheiden, sondern jede – berufsständisch gegliederte – Volksgruppe den ihr entsprechenden, d.h. aber jenen Anteil haben, der ihr nach der Bedeutung zukommt, die sie im Aufbau des Volksganzen hat*.

Fasst man nun die berufsständische Organisation ins Auge, die viele an Stelle des angeblich überlebten Parlamentarismus zu setzen wünschen, so zeigt sich, dass gerade die Realisierung dieser Idee auf außerordentliche, ja zum Teil unlösbare Schwierigkeiten stößt. Vor allem kann man sich nicht der Erkenntnis verschließen, dass die Gliederung des Volkes nach Berufen, die im wesentlichen eine Gliederung nach gemeinsamen Interessen ist, keineswegs alle für die staatliche Willensbildung in Betracht kommenden Interessen erfasst. Berufsständische Interessen konkurrieren mit durchaus andersartigen, häufig vitalen, so zum Beispiel religiösen, allgemein ethischen, ästhetischen Interessen. Man ist Landwirt oder Rechtsanwalt und darum keines-

* Vgl. mein Problem des Parlamentarismus, S. 21 und die dort angeführte Literatur.

wegs nur an landwirtschaftlichen oder anwaltlichen Berufsfragen interessiert. Man wünscht eine bestimmte Gestaltung des Eherechtes, man wünscht eine bestimmte Regelung des Verhältnisses zwischen Staat und Kirche, und schließlich ist jedermann über die engen Grenzen seines Berufes hinaus an einer gerechten, zweckmäßigen oder auch nur erträglichen Ordnung des Ganzen interessiert. Innerhalb welcher Berufsgruppe könnten alle diese Lebensfragen zur Entscheidung gelangen?

Dazu kommt – worauf ja des Öfteren schon hingewiesen wurde – dass einer berufsständischen Gliederung die natürliche Tendenz zu weitestgehender Differenzierung immanent ist, da der berufsständische Gedanke nur erfüllt wird, wenn die berufsständische Gruppe auf Basis voller Interessengemeinschaft gebildet wird. Bei fortgeschrittener Wirtschaft und Technik müsste die Zahl der verschiedenen Berufe, die auf selbständige Organisation Anspruch haben, in die Hunderte, ja in die Tausende gehen; und auch dann noch würde die Abgrenzung der einzelnen Berufe voneinander eine mehr oder weniger willkürliche sein. Zwischen den berufsständischen Gruppen untereinander aber besteht naturgemäß nicht Interessengemeinschaft, sondern Interessengegensatz. Und dieser Gegensatz wird gerade durch die Organisation der gemeinsamen Interessen in den einzelnen berufsständischen Gruppen noch verschärft. Wie sollen aber die mannigfachen Interessengegensätze zwischen den Gruppen entschieden werden? Gewiss, die reinen Berufsfragen mögen innerhalb der berufsständischen Gruppe selbst im Wege einer Autonomie der Gruppe verhältnismäßig leicht befriedigende Lösung finden; wobei dahingestellt bleiben mag, ob die leichtere Einigung zwischen Arbeitgebern und Arbeitnehmern derselben Berufsgruppe, die man gerne rühmend hervorhebt, nicht vornehmlich darauf zurückzuführen ist, dass die wirtschaftlich Schwächeren hier jeder Stütze durch Klassengenossen der anderen Gruppen entbehren. Allein sehr viele, vielleicht sogar die meisten Fragen können gar nicht als rein interne, nur die Interessen der Gruppenglieder berührende gelten; an ihrer Entscheidung sind auch andere Berufsgruppen und meist in einem anderen Sinne interessiert, als die unmittelbar beteiligte Gruppe selbst. Auf die Entscheidung dieser Konflikte aber kommt alles an. Aus der Ideologie des berufsständischen Prinzipes selbst ist eine Antwort auf diese Grundfrage nicht heraus zu finden.

Die Lösung kann sich hier nur so ergeben, dass die letzte Entscheidung der Interessengegensätze zwischen den berufsständischen Gruppen schließlich doch einer Autorität übertragen wird, die nach einem dem berufsständischen Prinzipe fremden Gesetz erzeugt wird; nämlich entweder einem demokratisch aus dem Gesamtvolke gewählten Parlament oder einem mehr oder weniger autokratisch gestalteten Organ. Die berufsständische Organisation kann der ihrer Natur entsprechenden, sehr kräftigen Tendenz zu weitgehender Differenzierung kein eigenes Integrationsprinzip als Gegengewicht bieten. Mit vollem Recht hat man hervorgehoben, dass für die Bildung des staatlichen Willens, soweit es sich nicht um rein interne Angelegenheiten handelt, die der Autonomie der berufsständischen Gruppen überlassen bleiben, nur die Willensübereinstimmung aller oder doch der an der Entscheidung interessierten Gruppen das den Staatswillen bildende Prinzip der berufsständischen Verfassung sein müsste. Das ist natürlich praktisch unmöglich. Gerade hier zeigt sich, wie gänzlich inhaltsleer und unanwendbar die Formel ist, mit der man den berufsständischen Gedanken gegen das demokratisch parlamentarische Prinzip auszuspielen pflegt: Jeder Gruppe sei ein ihrer Bedeutung für das Ganze entsprechender Anteil an der Bildung des Staatswillens einzuräumen. Zunächst: Dieser berufsständische Gedanke könnte das Repräsentationssystem und somit den Parlamentarismus nicht – wie mitunter behauptet wird – beseitigen, sondern an Stelle des demokratischen nur wieder ein anderes Vertretungssystem setzen. Der ganze Unterschied wäre bloß der, dass als Wahlkörper nicht wie in der Demokratie – sei es direkt, sei es indirekt – die politischen Parteien, sondern die berufsständisch organisierten Gruppen fungieren würden; denn die Unmittelbarkeit der Willensbildung ist auch innerhalb der berufsständisch gebildeten Gruppe nicht praktikabel. Es handelt sich also nur um die Realisierung eines Stände*parlaments*.

Dann aber muss vor allem feststehen, wer das Ausmaß der Bedeutung zu bestimmen hat, die jeder Berufsgruppe zukommt, wer ihre *Rangordnung* festzulegen hat, und nach welchem Maßstabe dabei vorzugehen ist. Und selbst wenn diese – in Wahrheit nicht lösbaren – Fragen gelöst wären, und selbst, wenn schon ein berufsständischer Vertretungskörper gebildet wäre, in dem die verschiedenen berufsständischen Gruppen eine im Verhältnis zu ihrer Bedeutung stehende Vertretung finden, dann bliebe erst recht noch das Problem offen, nach welchem Grundsatz innerhalb eines solchen Vertretungskörpers ein einheitlicher

Wille gebildet werden könnte. Müsste man hier nicht schließlich doch zu dem »mechanischen« Prinzip der Majorität greifen? Und wenn dem so wäre, hätte es dann noch einen Sinn, der Bildung eines solchen Vertretungskörpers eine berufsständische Organisation zugrunde zu legen? Wenn im Vertretungskörper die Majorität – ganz oder nur zum Teil – gegen die Minorität entscheidet, dann ist es wohl sinnvoller, solches Parlament auf eine Berufungsordnung zu stellen, die jeden einzelnen Wähler nicht bloß als Angehörigen eines bestimmten Berufes, sondern als Glied des Staats*ganzen* und darum nicht nur an Berufsfragen, sondern grundsätzlich an allen Angelegenheiten interessiert voraussetzt, die den Gegenstand der staatlichen Ordnung bilden können. Das ist letztlich der Grund, weshalb eine berufsständische Organisation niemals das demokratische Parlament ganz *ersetzen*, sondern stets nur *neben* diesem – oder aber neben einem Monarchen – als bloß beratender, nicht aber als entscheidender Faktor bestehen kann, dessen Hauptfunktion darauf beschränkt bleibt, die bei der Rechtserzeugung in Frage stehenden Interessen deutlich zum Ausdruck zu bringen, den eigentlichen Gesetzgeber zu *informieren*. Eben darum reicht der Gedanke der berufsständischen Organisation zu einer Lösung des Problems der Staatsform nicht aus. Die entscheidende Alternative: *Demokratie oder Autokratie* bleibt durch ihn unberührt.

Angesichts dieser Sachlage ist es nicht zu verwundern, dass die berufsständische Organisation, soweit sie sich bisher in der Geschichte verwirklicht hat, stets nur die Form war, in der eine oder mehrere Gruppen über die anderen zu herrschen versuchten; so dass man vielleicht nicht ganz mit Unrecht vermuten darf, dass sich in der neuerdings wieder erhobenen Forderung nach Einführung berufsständischer Organisation nicht so sehr das Bedürfnis nach einer organischen, das will sagen gerechten Beteiligung aller berufsständischen Gruppen an der Staatswillensbildung, als vielmehr das Machtstreben gewisser Interessentenkreise geltend macht, denen die demokratische Verfassung keinen politischen Erfolg mehr zu bieten scheint. Ist es nicht merkwürdig, dass der Ruf nach berufsständischer Organisation von bürgerlicher Seite gerade in dem Augenblicke erhoben wird, da sich die Möglichkeit ergibt, dass das bisher in der Minorität gebliebene Proletariat zur Mehrheit wird, und der demokratische Parlamentarismus sich gegen jene Gruppe zu kehren droht, der er bisher die politische Vorherrschaft gesichert hat? Wenn die berufsständische Gliederung eine Organisation auf Grund von Interessengemeinschaften sein soll, dann hat sie insolange keine Aussicht, zu einem primären, entscheidenden Faktor bei der Bildung des Staatswillens zu werden, als andere als berufliche Interessen tatsächlich die stärkeren sind. Solange besitzlose Arbeitnehmer verschiedener, ja aller Berufe – sei es mit Recht, sei es mit Unrecht – sich miteinander zu einer innigeren Interessengemeinschaft verbunden fühlen, als mit den kapitalistischen Arbeitgebern derselben Berufsgruppe, und solange angesichts dieser unleugbaren Tatsache auch die Arbeitgeber zu einer alle berufsständische Gliederung durchbrechenden Interessengemeinschaft gedrängt werden, kann es kaum zu einer aus den sozialen Verhältnissen selbst herauswachsenden berufsständischen Organisation kommen, die imstande wäre, die heutige parlamentarisch-demokratische Staatsform zu verdrängen, ohne zugleich sich mehr oder weniger einem autokratischen Typus zu nähern, d. h. in Wahrheit die diktatorische Herrschaft der einen Klasse über die andere zu sein.

VI. DAS MAJORITÄTSPRINZIP.

Gerade die Klassenherrschaft zu verhindern, ist das parlamentarische Majoritätsprinzip geeignet. Bezeichnend ist schon, dass es sich in der Erfahrung mit dem Minoritätsschutz vereinbar zeigt. Denn die Majorität setzt ihrem Begriff nach die Existenz einer Minorität und es setzt somit das Recht der Majorität die Existenzberechtigung einer Minorität voraus. Daraus ergibt sich zwar nicht die Notwendigkeit, aber doch die Möglichkeit des Schutzes der Minorität gegenüber der Majorität. Dieser Minoritätsschutz ist die wesentliche Funktion der sogenannten Grund- und Freiheits- oder Menschen- und Bürgerrechte, die in allen modernen Verfassungen parlamentarischer Demokratien garantiert sind. Ursprünglich sind sie ein Schutz des Individuums gegen die vollziehende Gewalt, die, noch auf den Rechtsgrundsatz der absoluten Monarchie gestützt, im »öffentlichen Interesse« zu jedem, gesetzlich nicht ausdrücklich verbotenen Eingriff in die Sphäre des Einzelnen befugt ist. Sobald aber – in der konstitutionellen Monarchie und demokratischen Republik – Verwaltung wie Rechtsprechung nur auf Grund besonderer gesetzlicher Ermächtigung möglich und dieses Prinzip der Gesetzmäßigkeit der Vollziehung immer deutlicher bewusst wird, hat die Statuierung von Grund- und Freiheitsrechten nur unter der Voraussetzung Sinn, dass sie in spezifischer Verfassungsform erfolgt*, das heißt: dass nicht ein im gewöhnlichen, sondern nur ein in einem qualifizierten Verfahren erzeug-

* Vgl. meine Allgemeine Staatslehre, S. 154 ff.

tes Gesetz die Grundlage für einen Eingriff der vollziehenden Gewalt in die in einzelne Grund- und Freiheitsrechte gegliederte Sphäre bilden kann. Die typische Form, durch die man Verfassungsgesetze gegenüber einfachen Gesetzen qualifiziert, ist: erhöhtes Quorum und besondere, etwa eine Zweidrittel- oder Dreiviertel-Majorität. Obgleich theoretisch auch in der unmittelbaren Demokratie eine solche Unterscheidung zwischen einfachen und Verfassungsgesetzen möglich wäre, kommt praktisch doch nur das parlamentarische Gesetzgebungsverfahren für eine derartige Differenzierung in Betracht. In der Volksversammlung ist das Bewusstsein physischer Macht noch zu groß, als dass hier mehr als die Unterwerfung unter die absolute Mehrheit, als dass hier auf die Dauer erträglich wäre, dass eine absolute Mehrheit einer qualifizierten Minderheit gegenüber auf die Durchsetzung ihres Willens verzichtet. Nur im Parlamentsverfahren ist solche rationale Selbstbeschränkung als verfassungsmäßige Institution möglich. Sie bedeutet, dass der Katalog von Grund- und Freiheitsrechten aus einem Schutz des Individuums gegen den Staat zu einem Schutz der Minderheit, einer qualifizierten Minderheit, gegen die bloß absolute Mehrheit wird. Sie bedeutet, dass Maßnahmen, die in gewisse nationale, religiöse, wirtschaftliche oder allgemein geistige Interessensphären eingreifen, nur mit Zustimmung einer – qualifizierten – Minorität, nicht gegen deren Willen, also nur im Einverständnis zwischen Majorität und Minorität möglich sind. Hatte es ursprünglich den Anschein, als ob es das Prinzip der absoluten Majorität sei, das der Idee der Demokratie auf ihrem Wege zur Wirklichkeit relativ am meisten entspricht, so zeigt sich jetzt, dass das Prinzip der qualifizierten Majorität unter gewissen Umständen eine noch größere Annäherung an die Idee der Freiheit, weil eine gewisse Tendenz zur Einstimmigkeit in der Gemeinschaftswillensbildung bedeuten kann.

Das ist es nämlich, was uns das parlamentarische Verfahren lehrt: dass wir auch beim Majoritätsprinzip Ideologie und Realität unterscheiden müssen. Ideologisch, d.h. im System der demokratischen Freiheitsideologie, bedeutet es: Bildung des Gemeinschaftswillens bei größtmöglicher Übereinstimmung desselben mit dem Willen der unterworfenen Individuen. Wenn der Gemeinschaftswille mit mehr Individualwillen in Einklang als in Widerspruch steht – und das ist, wie wir früher gezeigt haben, bei einem Majoritätsbeschluss der Fall –, ist das Maximum des möglichen Freiheitswertes – Freiheit als Selbstbestimmung vorausgesetzt – erreicht. Sieht man von der Fiktion ab, dass die Mehrheit auch die Minderheit repräsentiere, der Mehrheitswille ein Gesamtwille sei, dann erscheint das Mehrheitsprinzip als das Prinzip der Herrschaft der Mehrheit über die Minderheit. Dem ist aber in Wirklichkeit meist gar nicht so. Zunächst sträubt sich die soziale Realität gegen das, was man gelegentlich sehr treffend den »Zufall der Arithmetik« genannt hat. Es kommt in der Wirklichkeit nicht auf die ziffernmäßige Mehrheit an, es kann – bei voller Anerkennung des sog. Majoritätsprinzips – auch die ziffernmäßige Minderheit über die ziffernmäßige Mehrheit herrschen: sei es nur verhüllt, indem die Gruppe, die herrscht, nur zum Schein, durch irgendwelche wahltechnische Künste, als Majoritätsgruppe gilt; sei es ganz unverhüllt, im Falle einer sog. Minderheitsregierung, was zwar zur Ideologie des Majoritätsprinzipes und der Demokratie in Widerspruch steht, mit dem Realtypus der letzteren aber durchaus vereinbar ist. Für eine auf die soziale Realität gerichtete Betrachtung besteht die Bedeutung des Majoritätsprinzipes nicht darin, dass der Wille der ziffernmäßigen Mehrheit siegt, sondern darin: dass bei Annahme dieser Vorstellung, dass unter der Wirksamkeit dieser Ideologie, die die soziale Gemeinschaft bildenden Individuen sich wesentlich in zwei Gruppen gliedern. Worauf es ankommt, ist: dass von der Tendenz, eine Majorität zu bilden, von der Tendenz, eine Majorität zu gewinnen, die Wirkung ausgeht, dass sich schließlich und endlich zwei, im Wesentlichen nur zwei Gruppen gegenüberstehen, die um die Herrschaft ringen, indem die innerhalb der Gemeinschaft wirksamen zahllosen Differenzierungs- und Spaltungstriebe bis auf einen einzigen grundsätzlichen Gegensatz überwunden werden. Die beiden Gruppen mögen in ihrer ziffernmäßigen Stärke mehr oder weniger verschieden sein, in ihrer politischen Bedeutung, in ihrer sozialen Potenz differieren sie nicht allzu sehr. Diese Kraft der sozialen Integration ist es zunächst, die das Majoritätsprinzip soziologisch charakterisiert.

Dass es bei der Wirksamkeit des Majoritätsprinzipes nicht so sehr auf die ziffernmäßige Majorität ankommt, hängt aber auf das Innigste mit der Tatsache zusammen, dass es in der sozialen Wirklichkeit gar keine absolute Herrschaft der Mehrheit über die Minderheit gibt, weil sich der nach dem sog. Majoritätsprinzip gebildete Gemeinschaftswille gar nicht als Diktat der Majorität gegen die Minorität, sondern als ein Ergebnis der gegenseitigen Beeinflussung beider Gruppen, als eine Resultante ihrer aufeinanderstoßenden politischen Willensrichtungen ergibt. Eine Diktatur der Majorität über die Minorität ist auf die Dauer schon darum gar nicht möglich, weil eine zu gänzlicher Einflusslosigkeit verurteilte Minderheit schließlich auf ihre nur formale und darum für sie nicht nur wertlose, sondern sogar schädliche Teilnahme an der Gemeinschaftswillensbildung verzichten wird; womit sie der Majorität – die schon begrifflich ohne Minorität nicht möglich ist – ihren Charakter als solche entzieht. Gerade in dieser Möglichkeit bietet sich der Minorität ein Mittel, auf die Beschlüsse der Majorität Einfluss zu gewinnen. Dies gilt ganz besonders für die parlamentarische Demokratie. Denn das ganze parlamentarische Verfahren mit seiner dialektisch-kontradiktorischen, auf Rede und Gegenrede, Argument und Gegenargument abgestellten Technik ist gerichtet auf die Erzielung eines Kompromisses. Darin liegt die eigentliche Bedeutung des Majoritätsprinzipes in der realen Demokratie; man bezeichnet es darum besser als das Majoritäts-Minoritätsprinzip: Indem es die Gesamtheit der Normunterworfenen wesentlich nur in zwei Gruppen, Majorität und Minorität, gliedert, schafft es die Möglichkeit des Kompromisses bei der Bildung des Gesamtwillens, nachdem es diese letzte Integration durch den Zwang zum Kompromiss vorbereitet hat, durch das allein die Gruppe der Majorität wie die der Minorität gebildet werden kann. Kompromiss bedeutet: Zurückstellen dessen, was die zu Verbindenden trennt, zugunsten dessen, was sie verbindet. Jeder Tausch, jeder Vertrag ist ein Kompromiss, denn Kompromiss bedeutet: sich vertragen. Dass sich das Majoritätsprinzip gerade innerhalb des parlamentarischen Systems als ein Prinzip des Kompromisses, des Ausgleiches der politischen Gegensätze bewährt, das zeigt schon ein flüchtiger Blick auf die parlamentarische Praxis. Auf die Erzielung einer solchen mittleren Linie zwischen den einander entgegengesetzten Interessen, einer Resultante der einander entgegenwirkenden sozialen Kräfte ist ja das ganze parlamentarische Verfahren gerichtet. Es schafft Garantien dafür, dass die verschiedenen Interessen der im Parlamente vertretenen Gruppen zu Worte kommen, sich als solche in einem öffentlichen Prozesse manifestieren können. Und wenn das spezifisch dialektisch-kontradiktorische Verfahren des Parlaments einen tieferen Sinn hat, so kann es nur der sein, dass aus der Gegenüberstellung von Thesis und Antithesis der politischen Interessen irgendwie eine Synthesis zustande komme. Das kann aber hier nur heißen: nicht etwa – wie man dem Parlamentarismus, seine Realität mit seiner Ideologie verwechselnd, fälschlich unterstellte: eine »höhere«, absolute Wahrheit, ein über den Gruppeninteressen stehender, absoluter Wert, sondern ein Kompromiss.

Unter diesem Gesichtspunkt ist die Frage zu beurteilen, auf Grund welchen Wahlsystems das Parlament gebildet werden soll, welchem Wahlsystem vom Standpunkt der parlamentarischen Demokratie der Vorzug gebührt: dem Majoritäts- oder dem Proportional-Wahlverfahren. Die Entscheidung muss für das Letztere ausfallen. Das ergibt eine den politischen Sinn dieses Wahlsystems enthüllende Analyse: Wenn man fordert, dass bei gleichzeitiger Besetzung mehrerer Mandate jede Partei durch eine ihrer Stärke entsprechende Anzahl von Gewählten vertreten sei, wenn man also für jede Partei eine »eigene« verhältnismäßige Vertretung verlangt, so lässt man die Vorstellung fallen, dass es das »Volk« als Ganzes sei, das den Vertretungskörper, als Einheit gedacht, kreiere. Wenn man ein Wahlsystem fordert, das technisch so beschaffen ist, dass jede Partei bei der Wahl nach der Maßgabe ihrer Stärke zur Geltung komme, so wünscht man zum Subjekt des Wahlaktes nicht die Gesamtwählerschaft, sondern Teilwahlkörper, die – zum Unterschied von den Wahlsystemen mit Kreiseinteilung – nicht nach dem unnatürlichen *Territorialitäts*prinzip, sondern nach einem *Personalitäts*prinzip gebildet werden. Nicht die Bewohner eines willkürlich abgegrenzten Gebietes, sondern die Angehörigen einer Partei, alle Personen der gleichen politischen Überzeugung sollen die Körper bilden, auf welche die zu besetzenden Mandate verteilt und durch deren Willensakt die Mandate besetzt werden*. Innerhalb dieses Wahlkörpers findet – kraft seiner Zusammensetzung – kein Kampf statt. Wenn sich auch nicht alle Stimmen der Partei auf die ihr zugewiesenen Kandidaten gleichmäßig vereinigen müssen – und die verschiedenen Verhältniswahlsysteme lassen hier verschiedene Möglichkeiten zu – so hat doch die Tatsache, dass die einzelnen Kandidaten innerhalb derselben Partei eine verschiedene Anzahl von Stimmen erhalten können, einen anderen Sinn als im Wahlkampfe, der innerhalb desselben Wahlkörpers bei Geltung des Majori-

* Woraus sich der innere Widerspruch ergibt, der darin besteht, dass man Proportionalwahlsystem mit *Wahlkreiseinteilung* (territorialer Gliederung der Wählerschaft) verbindet. Was für das Majoritätswahlsystem eine notwendige Korrektur, ist für das Proportionalwahlsystem eine organische Störung.

tätsprinzips ausgetragen wird. So wie beim Proportionalwahlsystem die von den Angehörigen der einen Partei abgegebene Stimmensumme nicht gegen die Stimmensumme einer andern Partei, sondern neben ihr steht, so verhalten sich die auf die einzelnen Kandidaten derselben Partei abgegebenen Stimmen zueinander nicht polar sondern parallel; sie verstärken einander in Bezug auf das Gesamtresultat. Im Idealfall der Proportionalwahl gibt es keinen Besiegten, weil es keine Majorisierung gibt. Um gewählt zu werden, ist es eben nicht notwendig, dass man eine Majorität von Stimmen erhält, sondern es genügt ein »Mindestmaß«, dessen Berechnung eben das Spezifische der Proportionalwahltechnik bildet. Fasst man das Gesamtresultat der Wahl ins Auge, setzt man den durch Proportionalwahl zusammengekommenen Vertretungskörper, als Einheit, der Wählerschaft, als Gesamtheit, gegenüber, dann kann man in einem gewissen Sinne zugeben – was mitunter als Wesen des Proporz behauptet wird – dass diese Repräsentanz mit den Stimmen aller und gegen die Stimme keines Wählers, d. h. aber: einstimmig zustande gekommen ist. Das gilt natürlich nur für den Idealfall. Denn unvertretene Minderheiten, die nicht jene Stimmenzahl erreicht haben, die zur Erlangung eines Mandates mindestens erforderlich ist, wird es in der Regel tatsächlich geben. Der Gedanke der Proportionalität wird um so besser verwirklicht werden, je mehr Mandate im Verhältnis zu den abgegebenen Stimmen zu besetzen sind. Der eine Grenzfall ist der, dass nur ein Mandat zu besetzen ist. Es wäre irrig, zu meinen, dass hier die Idee der Proportionalität überhaupt nicht zu realisieren sei. Sie ist erfüllt, wenn alle Wähler ihre Stimmen auf eine Person vereinigen. Also Einstimmigkeit im eigentlichen Sinne. Der andere Grenzfall aber ist der, dass auch die denkbar kleinste Partei, die also nur aus einem einzigen Wähler besteht, verhältnismäßig vertreten sein würde. Dies bedeutet aber die Vernichtung des Repräsentativsystems überhaupt, denn dann wären so viele Gewählte nötig als es Wähler gibt. Das ist aber der Zustand der unmittelbaren Demokratie. Bis zu diesen Grenzfällen soll die Idee der Proportionalwahl nicht deshalb durchdacht, um ad absurdum geführt zu werden, sondern weil nur die Aufdeckung der dieser Idee innewohnenden letzten Ziele ihren tieferen Sinn und damit den innersten Grundsatz enthüllt, der vielen das Proportionalwahlsystem als »gerecht« erscheinen lässt. Es ist das Prinzip der Freiheit, das Prinzip der radikalen Demokratie. So wie ich mich nur einem Gesetz beugen will, das ich selbst mitbeschlossen habe, so kann ich als meinen Repräsentanten bei der staatlichen Willensbildung – wenn überhaupt jemanden – so nur den anerkennen, der von mir – und nicht gegen meinen Willen – dazu berufen wurde.

So fügt sich die Idee des Proporz in die Ideologie der Demokratie; seine Wirksamkeit aber in deren Realität: den Parlamentarismus. Dies ergibt die folgende Überlegung:

Würde das Majoritätssystem bei der Wahl zum Parlament rein und durch keinen Zufall der Wahlkreisgeometrie getrübt zur Anwendung kommen, dann wäre im Parlament nur die Majorität und keine Minorität vertreten. Das Proportionalwahlverfahren bedeutet im Grunde nur die Rationalisierung jener Methode, die man durch Kombination des Majoritätswahlsystems mit der

Wahlkreiseinteilung verfolgt, um im Parlament auch eine Opposition zu haben; ohne die das parlamentarische Verfahren seinen eigentlichen Sinn gar nicht erfüllen könnte. Hat man diesen Sinn aber richtig erkannt, dann kommt es nicht mehr darauf an, dass nur überhaupt eine Minorität im Parlament erscheine, sondern dann ist es von größter Wichtigkeit, dass alle politischen Gruppen im Verhältnis zu ihrer Stärke im Parlamente vertreten seien, damit die tatsächliche Interessenlage, das ist aber die prinzipielle Voraussetzung, unter der ein Kompromiss zustande kommen kann, im Parlamente sich zunächst überhaupt darstelle. Dann entfällt aber auch der gegen den Proporz so häufig gemachte Einwand, es habe keinen Sinn, alle Minoritäten verhältnismäßig vertreten sein zu lassen, wenn die Parlamentsbeschlüsse schließlich doch nur nach dem Grundsatze der Majorität zustandekommen können. Denn der influenzartige Einfluss, den die Minorität auf die Bildung des Majoritätswillens ausübt, muss um so bedeutender sein, je mächtiger diese Minorität oder diese Minoritäten im Parlamente auftreten. Zweifellos verstärkt das Proportionalwahlsystem jene Tendenz der Freiheit, die verhindern soll, dass der Wille der Mehrheit schrankenlos über den der Minderheit herrsche.

Man hat gegen das Proportionalwahlsystem insbesondere geltend gemacht, dass es zur Bildung kleiner, ja kleinster Parteien den Anreiz bilde, und so die Gefahr einer Parteizersplitterung mit sich bringe. Dies ist richtig, und hat zweifellos die Möglichkeit zur Folge, dass im Parlament keine Partei über die absolute Mehrheit verfügt, und daher die für das parlamentarische Verfahren unerlässliche Majoritätsbildung wesentlich erschwert wird. Allein näher betrachtet, bedeutet das Proportionalwahlsystem in dieser Beziehung doch nur, dass die Notwendigkeit der Parteienkoalition, d.h. die Notwendigkeit, geringere Differenzen zwischen den Parteigruppen zurückzustellen und sich auf die wichtigsten gemeinsamen Interessen zu einigen, aus dem Bereiche der Wählerschaft in den des Parlaments verschoben wird. Die in der Parteienkoalition gelegene, durch das Majoritätsprinzip erzwungene politische Integration ist unvermeidlich und bedeutet sozialtechnisch keineswegs ein Übel, sondern im Gegenteil einen Fortschritt. Dass diese Integration aber besser im Parlament selbst als in der breiten Masse der Wähler vor sich geht, kann wohl ernstlich nicht geleugnet werden. Die durch das Proportionalwahlsystem geförderte weitgehende Differenzierung in politische Interessengruppen kann ja doch nur als die notwendige Voraussetzung einer zweckmäßigen, durch das Majoritätsprinzip garantierten Integrierung angesehen werden. Das Proportionalwahlsystem setzt mehr als jedes andere die Gliederung der politisch Berechtigten in politische Parteien voraus, und – wo deren Organisation noch nicht genügend entwickelt ist –, hat es die ausgesprochene Tendenz, diese Entwicklung zu beschleunigen und zu verstärken. Es ist ein entscheidender Schritt in der – schon in einem früheren Zusammenhange angedeuteten – Richtung: die politischen Parteien auch verfassungsmäßig zu Organen der staatlichen Willensbildung zu machen. Aber auch wo der Proporz dies nicht bewirkt hat, erzielt er einen Effekt, den wir als das Ergebnis jenes Kräftespieles erkannt haben, das das Wesen des demokratischen Parteienstaates ausmacht. Hier wird nicht das Interesse einer einzelnen Gruppe zum Staatswillen, hier wird dieser durch ein Verfahren bestimmt, in dem mehrere parteimäßig organisierte Gruppeninteressen als solche miteinander ringen und zu einem Ausgleich kommen. Soll aber der Staatswille nicht ein einseitiges Parteiinteresse zum Ausdruck bringen, dann müssen Garantien dafür gegeben sein, dass möglichst alle Parteiinteressen sich äußern und miteinander in Konkurrenz treten können: damit es schließlich zu einem Kompromiss zwischen ihnen komme. Gerade diese Garantien bietet das Verfahren in einem auf dem Proportionalwahlsystem aufgebauten Parlament*. –

* Eine Gefahr des Proportionalwahlsystems darf jedoch nicht verschwiegen werden. Hat die Parteibildung innerhalb der politisch Berechtigten eine gewisse Festigkeit erreicht, so dass größere Verschiebungen in den Stärkeverhältnissen der politischen Gruppen in absehbarer Zeit nicht mehr zu erwarten sind, und hat sich – was wieder durch das parlamentarische Majoritätsprinzip begünstigt wird – direkt oder indirekt ein Zwei-Parteien-System gebildet, dann birgt das Proportionalverfahren die Gefahr einer gewissen Erstarrung des politischen Systems. Jene politische Gruppe, die über eine wenn auch nur geringe Majorität verfügt, bleibt dauernd in der Regierung, während die andere, trotz ihres starken Einflusses zu dauernder Opposition verurteilt ist. Es fehlt an der Möglichkeit jenes wohltätigen Wechsels in der Regierung, jenes Schaukelsystems, demzufolge die beiden großen Gruppen einander in der Leitung des Staates und sohin in der Verantwortung ablösen. Eine Opposition, die vor kurzem noch Regierung war und es in Kürze wieder zu sein hofft, steht der regierenden Majorität ganz anders, viel verständnisvoller und wohlwollender gegenüber als eine solche, die sich von der Staatsleitung dauernd ausgeschlossen sieht. Im letzteren Falle droht eine gewisse Erbitterung und damit eine Lähmung der Majorität durch die Minorität Platz zu greifen, die zwar nicht stark genug ist, sich in den Sattel zu schwingen, aber

Hat man den eigentlichen Sinn des das parlamentarische Verfahren beherrschenden Majoritätsprinzipes erkannt, dann kann man auch eines der schwierigsten und gefährlichsten Probleme des Parlamentarismus richtig beurteilen: die Obstruktion. Die das parlamentarische Verfahren regelnden Vorschriften, insbesondere die hier der Minorität eingeräumten Rechte können von dieser missbraucht werden, um das Zustandekommen unerwünschter Mehrheitsbeschlüsse durch zeitweise Lahmlegung des parlamentarischen Mechanismus zu erschweren oder gar unmöglich zu machen. Sofern man sich dabei geschäftsordnungsmäßiger Mittel wie Dauerreden, Provokation namentlicher Abstimmungen, Einbringung von Dringlichkeitsanträgen, die vor den Gegenständen der Tagesordnung beraten werden müssen, und ähnlicher Methoden bedient, spricht man von »technischer« Obstruktion; während als »physische« Obstruktion die Lahmlegung des parlamentarischen Verfahrens durch

doch stark genug, dem Reiter in die Zügel zu fallen. In einer solchen Situation ist Unzufriedenheit mit dem Proportionalwahlsystem und der Wunsch, zum Majoritätswahlsystem mit Wahlkreiseinteilung zurückzukehren, nicht ganz unverständlich. Denn dieses bietet bei der hier vorliegenden Parteikonstellation gerade durch die Irrationalität des mit ihm verbundenen aleatorischen Momentes die Chance, dass auch die Partei, die im Volke nur über eine starke Minorität verfügt, durch den Zufall der Wahlkreiseinteilung im Parlament einmal die Majorität erlangt und sohin zur Regierung kommt, um durch denselben Zufall wieder in die Minorität und Opposition gedrängt zu werden. Denn auch bei verhältnismäßiger Konstanz der Parteistärke im ganzen Staatsgebiet sind Verschiebungen in einzelnen Wahlkreisen aus mannigfachen Gründen möglich.

direkte oder indirekte Anwendung von Gewaltmitteln wie Lärmerzeugung, Zerstörung von Einrichtungsgegenständen usw. bezeichnet wird. Die Letztere entbehrt schon wegen ihrer formellen Rechtswidrigkeit jeder Rechtfertigung; auch die Erstere muss, sofern sie die parlamentarische Willensbildung *überhaupt unterbindet*, als dem Sinn und Geist der parlamentarischen Geschäftsordnung zuwiderlaufend beurteilt werden. Sie aber schlechthin als mit dem *Majoritätsprinzip* unvereinbar abzulehnen, wäre nur dann möglich, wenn man Majoritäts*prinzip* mit Majoritäts*herrschaft* identifizierte, was jedoch nicht angeht. Tatsächlich ist die Obstruktion nicht selten ein Mittel gewesen, die parlamentarische Willensbildung nicht überhaupt unmöglich zu machen, sondern sie schließlich in die Richtung eines Kompromisses zwischen Majorität und Minorität zu zwingen.

Hier zeigt sich ein deutlicher Unterschied zwischen dem *Realtypus der Demokratie* und jenem der *Autokratie*, wo es bei der Bildung des leitenden Staatswillens nicht oder doch nur in geringem Maße die Möglichkeit eines Ausgleiches entgegengesetzter politischer Willensrichtungen gibt, weil es hier überhaupt an der Möglichkeit politischer Strömung und Gegenströmung fehlt. Demokratie und Autokratie unterscheiden sich so durch die Verschiedenheit ihrer seelisch-politischen Situation. Während die Mechanik der demokratischen Institutionen direkt darauf abzielt, den politischen Affekt der Masse über die Schwelle des sozialen Bewusstseins zu heben, um ihn hier abreagieren zu lassen, ruht das soziale Gleichgewicht in der Autokratie gerade umgekehrt auf der Verdrängung des politischen Affekts in eine Sphäre, die man individualpsychologisch mit dem Unterbewusstsein vergleichen könnte. Woraus sich, wenn man aus der Verdrängungstheorie der modernen Psychoanalyse eine Nutzanwendung ziehen will, zwanglos die verstärkte Disposition zu Revolution ergibt. Und darum hat auch in der Autokratie die Unterwerfung des Einzelnen unter den herrschaftlichen Willen einen etwas anderen Sinn als in der Demokratie, oder besser gesagt, sie ist im Allgemeinen von einem anderen Gefühlston begleitet. Das Bewusstsein, dass das Gesetz, dem ich mich zu beugen habe, von dem von mir Gewählten mitbeschlossen, dass es mit seiner Zustimmung oder doch zumindest unter seiner den Inhalt mehr oder weniger mitbestimmenden Teilnahme zustande gekommen ist, schafft vielleicht eine gewisse *Bereitwilligkeit zum Gehorsam*, an dem es zwar der Diktatur gegenüber nicht fehlen muss, der aber dort aus anderen seelischen Quellen kommt. Die demokratische Theorie des contrat social, die Lehre vom Staatsvertrag, ist gewiss eine ideologische Fiktion. Aber in der psychologischen Realität der Demokratie beruht der soziale Gleichgewichtszustand vielleicht tatsächlich mehr auf einem Sich-gegenseitig-*Vertragen* als in der realen Autokratie der Diktatur, wo es nur gilt, die gemeinsame Last der Herrschaft zu *ertragen*.

Der Anwendung des Majoritätsprinzipes sind gewisse, gleichsam natürliche Schranken gesetzt. Majorität und Minorität müssen sich miteinander *verständigen* können, wenn sie sich miteinander *vertragen* sollen. Die tatsächlichen Voraussetzungen für die gegenseitige Verständigung der an der sozialen Willensbildung Beteiligten müssen also gegeben sein: eine kulturell relativ homogene

Gesellschaft, insbesondere gleiche Sprache. Ist Nation in erster Linie Kultur- und Sprachgemeinschaft, dann hat das Majoritätsprinzip nur innerhalb eines national einheitlichen Körpers vollen Sinn und dann folgt zumindest, dass bei übernationalen, internationalen Gemeinschaften, speziell in national gemischten, sog. Nationalitätenstaaten, die Entscheidung der nationalen Kulturfragen dem Zentralparlament entzogen und der Autonomie, d.h. den Vertretungskörpern der nach dem Personalitätsprinzip organisierten nationalen Gemeinschaften (Teilgruppen) überlassen werden muss. Das bekannte Argument: auf die heutige Menschheit als Einheit angewendet, müsse das Majoritätsprinzip zu absurden Ergebnissen führen, trifft nicht so sehr das Prinzip als solches, als vielmehr nur seine Überspannung bei zu weitgehender Zentralisation.

Und von diesem Standpunkte ist auch die von marxistischer Seite vertretene Anschauung zu beurteilen: das Majoritätsprinzip könne nur in einer auf voller Interessengemeinschaft der Glieder beruhenden, nicht aber in einer durch den Klassengegensatz gespaltenen Gesellschaft Anwendung finden, weil es zwar zur Überwindung untergeordneter, sozusagen bloß technischer Meinungsverschiedenheiten, nicht aber zur Ausgleichung vitaler Interessenkonflikte geeignet sei*. Abgesehen davon, dass es keine menschliche Gesellschaft gibt, innerhalb deren von vornherein in jeder Richtung wesentliche Interessenharmonie besteht, sondern solche Harmonie nur durch dau-

* Vgl. Max Adler, Die Staatsauffassung des Marxismus, 1923, S. 116 ff. und meine Schrift: Sozialismus und Staat, S. 123 ff.

ernde und immer wieder zu erneuernde Kompromisse gestiftet werden muss, weil selbst die untergeordnetsten Meinungsverschiedenheiten zu vitalen Interessenkonflikten werden können, beruht diese Ablehnung des Majoritätsprinzipes als einer Grundform der Demokratie und insbesondere des Parlamentarismus für die klassengespaltene Gesellschaft nicht so sehr auf der erkenntnismäßigen Einsicht in die Unzulänglichkeit des fraglichen Prinzipes für diesen Fall, als vielmehr auf dem – rational nicht rechtfertigbaren – Willen, den Klassengegensatz nicht auf dem Wege friedlichen Ausgleiches, sondern revolutionärer Gewaltanwendung, nicht demokratisch, sondern autokratisch-diktatorisch zu überwinden. Das Majoritätsprinzip wird abgelehnt, weil – mit Recht oder Unrecht – das Kompromiss abgelehnt wird, dem das Majoritätsprinzip die Voraussetzung schafft. Gerade weil das Kompromiss die reale Annäherung an die von der Idee der Freiheit geforderte Einstimmigkeit in der Erzeugung der sozialen Ordnung durch die dieser Ordnung Unterworfenen ist, bewährt sich das Majoritätsprinzip auch nach dieser Richtung im Sinne der Idee der politischen Freiheit. Und wenn es wahr ist, was die materialistische Geschichtsauffassung lehrt, dass die gesellschaftliche Entwicklung zwangsläufig zu einem Zustand führt, in dem sich im Wesentlichen nur zwei Gruppen als interessenfeindliche Klassen gegenüberstehen, und wenn es wahr ist – was ein marxistischer Theoretiker jüngst nachgewiesen hat* – dass es in dem Verhältnis dieser Klassen zu ei-

* Otto Bauer, Die österreichische Revolution, 1923, S. 16. Vgl. auch meine Besprechung dieser Schrift im »Kampf« 1924, S. 50 und

nem gewissen Gleichgewichtszustand der Klassenkräfte kommen kann, und – wie es scheinen will – notwendig kommen muss und vielfach schon gekommen ist, ein Gleichgewichtszustand, dessen Störung oder Aufhebung von der ökonomischen Seite her in absehbarer Zeit kaum zu erwarten ist: dann steht die Frage für die sozialistische Theorie gar nicht mehr so, wie sie so oft gestellt wurde: formale Demokratie oder Diktatur? Denn dann ist Demokratie der einzig natürliche, der adäquate Ausdruck der tatsächlichen Machtlage, dann ist die Demokratie die politische Ausdrucksform, die sich die so qualifizierte gesellschaftliche Gesamtlage immer wieder gegen vorübergehend vielleicht erfolgreiche Versuche der Diktatur suchen wird. Denn dann ist Demokratie der Ruhepunkt, zu dem der nach rechts und links ausschlagende politische Pendel immer wieder zurückkehren muss. Und wenn es, wie gerade die marxistische Kritik der sog. Bürgerlichen Demokratie mit Nachdruck betont, auf die tatsächlichen sozialen Machtverhältnisse ankommt, dann ist die parlamentarisch-demokratische Staatsform mit ihrem eine wesentliche Zweigliederung konstituierenden Majoritäts-Minoritätsprinzip der »wahre« Ausdruck der heutigen wesentlich in zwei Klassen gespaltenen Gesellschaft. Und wenn es überhaupt eine Form gibt, die die Möglichkeit bietet, diesen gewaltigen Gegensatz, den man bedauern, aber nicht leugnen kann, nicht auf blutig-revolutionärem Wege zur Katastrophe zu treiben, sondern friedlich und allmählich

Otto Bauers Erwiderung unter dem Titel: Das Gleichgewicht der Klassenkräfte, S. 57 ff.; ferner Max Adler, Politische oder soziale Demokratie, 1920, S. 112 ff.

auszugleichen, so ist es die Form der parlamentarischen Demokratie, deren Ideologie zwar die in der sozialen Realität nicht erreichbare Freiheit, deren Realität aber der Friede ist.

VII. DIE VERWALTUNG.

Die Tatsache, dass der Gemeinschaftswille oder die soziale Ordnung nicht in einer einzigen Ebene verläuft, sondern sich wesentlich stufenweise, und zwar zumindest in zwei Stufen: der generellen Norm und dem individuellen Akt, entfaltet; der Umstand, dass im Prozess der sozialen Willensbildung zwei durchaus verschiedene Funktionen zu unterscheiden sind, erzeugt, wie wir früher gesehen haben, in Verbindung mit dem Gesetz der sozialen Arbeitsteilung innerhalb jeder staatlichen oder staatsähnlichen Gemeinschaft die Tendenz zur Bildung eines parlamentartigen Organs und schafft sohin eine Schranke der ideologisch postulierten Freiheit. Aus dieser Natur der stufenweisen Erzeugung des Gemeinschaftswillens resultiert aber noch eine viel empfindlichere Hemmung der Freiheit, die lange übersehen wurde. Man ist sich ihrer eigentlich erst bewusst geworden, als die demokratischen Parteien, zur politischen Macht gelangt, ihr Ideal, die Demokratie, sozialtechnisch zu realisieren versuchten. Bei der Forderung nach Demokratie hatte man sich bisher damit begnügt, eine spezifische Gestaltung des Gesetzgebungsorgans, das ist des Organs der generellen Normerzeugung, zu verlangen: allgemeines und gleiches Wahlrecht, Referendum. Nun aber, nach Erfüllung dieser Forderung, ergab sich das Problem der Demokratisierung der zweiten Stufe des Prozesses staatlicher Willensbildung, stellte man das Postulat nach demokratischer Gestaltung jener individuellen Staatswillensakte, die man als Rechtsprechung und Verwaltung unter dem Namen der Vollziehung zusammenfasst.

Bezeichnend ist, dass diese letztere Forderung meist nicht so sehr von den auf Grund des demokratischen Programms zur Herrschaft gelangten Majoritätsparteien, sondern vielmehr und viel nachdrücklicher von den Minoritätsparteien gestellt wird, die sonst nicht gerade das demokratische Prinzip besonders betonen; oder dass es ein und dieselbe Partei ist, die dort, wo sie in der Minorität, die Demokratisierung der Vollziehung fordert, während sie dort, wo sie die Majorität behauptet, diese Forderung ablehnt oder doch nur sehr zögernd oder mit starken Vorbehalten darauf eingeht. Und diese letztere Haltung muss durchaus nicht bedeuten, dass die demokratische Partei, zur Macht gelangt, dem Prinzip der Demokratie untreu wird, sondern im Gegenteil, dass sie dabei das demokratische Prinzip verteidigt. Denn die eigenartige Struktur des Prozesses der Staatswillensbildung, seine Gliederung in Stufen, die Verschiedenheit der Natur der beiden sukzedierenden Funktionen hat zur Folge, dass die Demokratisierung der einen eine ganz andere Wirkung hat als die gleiche Gestaltung der anderen. Die eine – die Erzeugung der generellen Normen, die sog. Gesetzgebung – ist (relativ) freie Willensbildung, die andere, die sog. Vollziehung (relativ) gebundene Willensbildung. Die Vollziehung steht wesenhaft unter der Idee der Gesetzmäßigkeit, und die Idee der Legalität gerät auf einer gewissen Stufe der staatlichen Willensbildung mit der der Demokratie in Konflikt.

Es ist nämlich keineswegs so, wie es auf den ersten Blick erscheinen möchte, dass die Demokratie der Vollziehung nur die Konsequenz der Demokratie der Gesetzgebung und dass dem demokratischen Gedanken um so besser gedient sei, je weiter die demokratische Form der Willensbildung auch den Prozess der Vollziehung ergreift. Wird Demokratie der Gesetzgebung vorausgesetzt, so ist damit noch keineswegs ausgemacht, dass die Gesetzmäßigkeit der Vollziehung am besten durch demokratische Formen gewährleistet werde. Zwar muss zugegeben werden, dass in der demokratischen Wahl der obersten Exekutivorgane durch das Parlament und in ihrer Verantwortlichkeit dem Parlament gegenüber eine gewisse, wenn auch keineswegs die einzig mögliche Garantie für die gesetzmäßige Tätigkeit dieser Organe liegt, d. h. dafür, dass der Wille des Volkes ausgeführt wird. Aber schon soweit die parlamentarische Verantwortlichkeit in Betracht kommt, zeigt sich, dass das mehr autokratische Ministerialsystem, dass die Vollziehung durch Einzelorgane sich besser eignet als das spezifisch demokratische Kollegialsystem, das nicht nur das Verantwortlichkeitsgefühl des Einzelnen mindert, sondern auch die Geltendmachung der Verantwortung erschwert. Und die Unvereinbarkeit des Legalitätsprinzips mit dem Prinzip der Demokratie verschärft sich in demselben Maße, als sich bei der Organisation eines größeren Gemeinwesens das sozialtechnisch unabweisliche Bedürfnis nach Dezentralisation, d. h. nach räumlicher Gliederung des sozialen Körpers geltend macht. Auch in dieser Richtung zeigt sich die funktionelle Verschiedenheit der beiden Stadien, in denen sich der Prozess der staatlichen Willensbildung bewegt. Die Erzeugung der individuellen Staatsakte, das ist der Bereich der sog. Vollziehung, ist in einem viel höheren Maße der Dezentralisation fähig und bedürftig, als der Akt der generellen Willensbildung, die sog. Gesetzgebung. Und eine radikale Demokratisierung der durch die Dezentralisation gebildeten *Mittel- und Unterinstanzen* bedeutet geradezu die Gefahr einer *Aufhebung der Demokratie der Gesetzgebung.* Wird das Staatsgebiet in größere Verwaltungsteilgebiete, Provinzen, und diese wieder in kleinere Verwaltungssprengel, Bezirke gegliedert, und die Verwaltung dieser Gebiete – der demokratischen Idee entsprechend – *Kollegien* übertragen, die von den Bürgern dieser Gebiete *gewählt* werden, so dass unmittelbar unter der Zentralregierung die Provinzialvertretungen und unter diesen die Bezirksvertretungen stehen, dann ist es mehr als wahrscheinlich, dass diese Selbstverwaltungskörper – sonderlich wenn ihre politische Zusammensetzung, ihre Majoritätsverhältnisse andere sind als die der zentralen legislativen Körperschaft – keineswegs die *Gesetzmäßigkeit* ihrer Akte als ihr höchstes Ziel ansehen, sondern sich allzuleicht in einen bewussten Gegensatz zu den vom Zentralparlament beschlossenen Gesetzen stellen werden. Der Wille des *Ganzen* – so wie er in der zentralen Legislative zum Ausdruck kommt – droht durch den Willen des *Teils* – in den einzelnen Selbstverwaltungskörpern – paralysiert zu werden. Sogar in seiner Denaturierung als Selbstbestimmung durch Majoritätsbeschluss bewahrt der Freiheitsgedanke noch etwas von seiner ursprünglich anarchischen, das soziale Ganze in seine individuellen Atome auflösenden Tendenz. Sicherlich gibt es organisationstechnische Mittel, um dieser Gefahr zu begegnen und gesetzwidrige Akte der demokratisch organisierten Glieder, der Selbstverwaltungskörper, aufzuheben. Allein alle diese Mittel liegen nicht in der Richtung einer *Demokratie* der Willensbildung der

Verwaltungsteilgebiete, stellen sich vielmehr als deren Einschränkung dar. Die Gesetzmäßigkeit der Vollziehung – und das bedeutet bei demokratischer Gesetzgebung: der Volkswille und sohin: die Demokratie selbst – wird in der Mittel- und Unterinstanz zweifellos besser als durch Selbstverwaltungskörper durch von der Zentralstelle ernannte und ihr verantwortliche Einzelorgane, d. h. also: durch eine autokratische Organisation dieses Teils der Staatswillensbildung gewahrt.

Das bedeutet aber des Weiteren, dass im Gefolge des Legalitätsprinzips das bürokratische System seinen Einzug in die Organisation des grundsätzlich demokratischen Staates halten muss. Das ist der tiefere Grund dafür, dass auch in Staatswesen, in denen das demokratische Prinzip schon zu einem jenseits alles Parteistreits stehenden Grundsatz geworden ist, wie etwa in den Vereinigten Staaten, die Bürokratisierung in demselben Maße zunimmt, als die Verwaltungsaufgaben des Staates, also die Funktionen der Vollziehung, wachsen. Es wäre ein Irrtum, darin schlechthin eine Abschwächung der Demokratie zu sehen. Denn nur für eine rein ideologisch und nicht an dem realen Tatbestand orientierte Betrachtung erscheinen Demokratie und Bürokratie als absolute Gegensätze*. Die Bürokratisierung bedeutet vielmehr unter gewissen Voraussetzungen die Aufrechterhaltung der Demokratie. Weil eben das demokratische Prinzip vornehmlich nur die obersten Schichten erfassen und nicht, ohne sich selbst, d. h. seine Geltung für

* Vgl. dazu die in diesem Punkte abweichenden Anschauungen, die ich noch in der 1. Auflage dieser Schrift, S. 23 ff., vertreten habe.

den Bereich genereller Willensbildung in Frage zu stellen, in die tieferen Schichten eines Prozesses eindringen kann, in dem sich der Staatskörper immer wieder von Neuem erzeugt*.

Der funktionelle Gegensatz, der zwischen Demokratie der Gesetzgebung und Demokratie der Vollziehung besteht, und die daraus erwachsende Tendenz einer demokratischen Gesetzgebung, sich eine autokratisch-bürokratische Vollziehung anzugliedern, zeigt sich darin, dass eine Demokratisierung der Vollziehung und speziell der Verwaltung nur auf Kosten der inhaltlichen Intensität der Gesetzgebungsfunktion erfolgen kann. Soll nämlich die Tätigkeit der demokratisch organisierten Vollziehungsorgane, d. h. der Selbstverwaltungskörper, aus der Gefahrenzone der Gesetzwidrigkeit möglichst ausgeschaltet werden – man beachte dabei, dass solche Selbstverwaltungskörper der Verantwortung, der wichtigsten Garantie der Gesetzmäßigkeit, so gut wie entzogen sind –, so muss sie auf den Bereich des vom Gesetz freigelassenen Ermessens beschränkt werden. Nur bei weitgehender Ermessensfreiheit ist eine ersprießliche Funktion demokratischer Verwaltung zu erwarten. Das bedeutet aber, dass die Verwaltungsdemokratie eine starke Tendenz zur Dezentralisation in sich birgt. Dem Willen der Glieder kann nur auf Kosten des Willens des Ganzen Spielraum gewährt werden. Wird die Wahrung der Grenzen freien Ermessens der mittleren und unteren Organe autokratischen, nämlich durch die höheren

* Vgl. Adolf [J.] Merkl, Demokratie und Verwaltung, 1923 und meine Allgemeine Staatslehre S. 361 ff.

Organe berufenen oder doch ihnen verantwortlichen und von ihnen absetzbaren Organen übertragen, so ist damit für die Organisation der mittleren und unteren Verwaltung ein System der Verbindung demokratischer und autokratischer Elemente akzeptiert. Darin liegt ja auch die Eigenart der *konstitutionellen Monarchie*; nur dass hier die Mischung der demokratischen mit der autokratischen Form auf der *höchsten* Stufe der staatlichen Willensbildung, der Gesetzgebung, erfolgt, und dadurch eine Paralysierung der Demokratie durch die Autokratie (und umgekehrt) nicht ausgeschlossen bleibt; während dort, wo sich das Prinzip der *gemischten Staatsform* auf die mittlere und untere Stufe einer an oberster Stufe rein demokratischen Staatswillensbildung beschränkt, keine Gefährdung, sondern eine Stärkung der Demokratie zu gewärtigen ist.

Hat man erkannt, dass die Idee der Legalität, trotzdem sie zu einer Einschränkung der Demokratie führt, dennoch zu deren Verwirklichung aufrechterhalten werden muss, dann hat man für die Demokratie all jene *Kontrollinstitutionen* zu fordern, die *die Gesetzmäßigkeit der Vollziehung garantieren*, und die nur kurzsichtige Demagogie als mit dem Wesen der Demokratie unvereinbar ablehnt. Hier ist vor allem an die *Verwaltungsgerichtsbarkeit* gedacht, deren Zuständigkeit in demselben Maße ausgedehnt und verstärkt werden muss, als die Verwaltungsakte von demokratisierten und daher parteipolitischen Einflüssen zugänglichen Instanzen gesetzt werden. Aber nicht nur die individuellen Verwaltungsakte, auch die generellen Normen der Verordnungen und insbesondere der Gesetze sind einer gerichtsmäßigen Kontrolle fähig und bedürftig, die ersteren auf ihre Gesetzmäßigkeit, die letzteren auf ihre Verfassungsmäßigkeit hin. Diese Kontrolle ist die Aufgabe der Verfassungsgerichtsbarkeit. Und deren Funktion ist für die Demokratie um so bedeutsamer, als die Wahrung der Verfassung im Gesetzgebungsverfahren ein eminentes Interesse der Minorität darstellt, als deren Schutz – wie wir gesehen haben – die Vorschriften über Quorum, qualifizierte Majorität, usw. fungieren. Die Minorität muss daher, soll sie in ihrer für das Wesen der Demokratie so bedeutungsvollen politischen Existenz und Wirksamkeit gesichert, soll sie nicht der Willkür der Majorität ausgesetzt sein und die Verfassung nicht eine lex imperfecta bedeuten, die Möglichkeit haben, das Verfassungsgericht sei es direkt, sei es indirekt anzurufen. An einer systematischen Ausgestaltung aller Kontrollinstitutionen hängt in hohem Maße das Schicksal der modernen Demokratie. Demokratie ohne Kontrolle ist auf die Dauer unmöglich. Denn das Fallenlassen jener Selbstbeschränkung, die das Prinzip der Legalität darstellt, bedeutet die Selbstauflösung der Demokratie*.

Wenn sich das demokratische Prinzip – im Interesse seiner Selbsterhaltung – im Wesentlichen auf das Gesetzgebungsverfahren und auf die Berufung der obersten Vollzugsorgane beschränken, wenn es also vor jenem Stadium der Staatswillensbildung Halt machen muss, das man als Vollziehung – Gerichtsbarkeit und Verwaltung – bezeichnet, so ist damit zugleich auch die Demarkationslinie gezo-

* Vgl. dazu meine Schrift: La garantie juridictionnelle de la constitution (Revue du Droit public et de la science politique en France et à l'Etranger 1928), Paris, Marcel Giard, 1928, S. 54 ff.

gen, bis zu der die Wirkungssphäre der politischen Parteien reichen darf. Das Prinzip der Legalität, unter dem begriffsnotwendig alle Vollziehung steht – schließt jeden parteipolitischen Einfluss auf die Gesetzesvollziehung der Gerichte wie der Verwaltungsbehörden aus. Das ist die legitime Bedeutung, die die Forderung nach »Entpolitisierung« der staatlichen Funktionen innerhalb der Demokratie – ja innerhalb jedes Staates – allein haben kann. Nur in dieser Einschränkung ist sie überhaupt sinnvoll. Eine Entpolitisierung der Gesetzgebung wäre deren Selbstaufhebung. Denn zur Bestimmung des Gesetzesinhalts gibt es keinen andern Weg als Diktatur eines Einzigen oder Kompromiss zwischen mehreren Gruppen-Interessen. Nur weil durch den Gesetzesbeschluss ein bestimmter politischer Wert zur positivrechtlichen Geltung erhoben, eine bestimmte – und sei es auch einseitige – politische Richtung verfassungsmäßig bestimmt ist, kann bei der Gesetzesvollziehung kein Kampf entgegengesetzter politischer Interessen mehr statthaben. Darum ist die berechtigte Forderung nach Entpolitisierung in diesem beschränkten Sinne einer Ausschaltung parteipolitischer Einflüsse auf die Gesetzesvollziehung durchaus vereinbar mit der weitestgehenden Anerkennung der politischen Parteien und ihrer Verankerung in der Verfassung. Ja, gerade dadurch können einer gesetzwidrigen Wirksamkeit der politischen Parteien Schranken gezogen werden. Ihre Einflusssphäre ist die Legislative, nicht die Exekutive.

Der Umstand, dass die Autokratie ebenso wie die Demokratie im Verlaufe ihres Realisierungsprozesses für die Gesetzgebung ein arbeitsteilig funktionierendes, kollegiales und sohin parlamentartiges Organ auszubilden bestrebt ist, und dass anderseits die Autokratie ganz ebenso wie die Demokratie und zum Teil aus denselben Gründen für die Funktion der Vollziehung zwangsläufig eine Bürokratie schafft, führt zu einer gewissen Annäherung in der realen Struktur der modernen Staaten, sobald sie über eine gewisse Mindestgröße hinausgewachsen sind und ein bestimmtes Zivilisationsniveau überschritten haben. Diese Annäherung der realen Tatbestände erfolgt unter Aufrechterhaltung der Verschiedenheit ihrer gegensätzlichen Ideologien. Es ist die gleiche Tendenz zur Unifizierung, die sich – wie auf dem Gebiete der Verfassung, das ist der Methode oder Form der staatlichen Willensbildung – so auf dem Gebiete des Norminhaltes, des materiellen Rechtes feststellen lässt. Denn dass sich die Zivil- und Strafrechtsordnungen der modernen Staaten einander immer mehr angenähert haben, kann wohl heute kaum mehr verkannt werden.

VIII. DIE FÜHRERAUSLESE.

Vergegenwärtigt man sich sohin das durchschnittliche Bild, das der reale Tatbestand eines als Demokratie bezeichneten Staatswesens bietet, und konfrontiert man diesen Tatbestand mit der demokratischen Ideologie der Freiheit, dann muss es zunächst wunderlich erscheinen, wie eine solche außerordentliche Spannung zwischen Ideologie und Wirklichkeit auf die Dauer überhaupt möglich ist. Man möchte glauben, dass es geradezu die besondere Funktion der demokratischen Ideologie ist: die Illusion der in der sozialen Wirklichkeit unrettbaren Freiheit aufrecht zu erhalten; so wie wenn die hell klingende, der ewigen Menschheitssehnsucht entspringende Freiheitsmelodie das dumpfere Motiv übertönen wollte, in dem die ehernen Ketten der sozialen Wirklichkeit dröhnen. Und die Freiheitsideologie der Demokratie scheint gegenüber der ihr zugeordneten Realität sozialer Bindung eine ähnliche Rolle zu spielen wie die ethische Illusion der Willensfreiheit gegenüber der durch die psychologische Erkenntnis festgestellten, unentrinnbaren kausalen Gebundenheit alles menschlichen Wollens. Und zwischen diesen beiden Problemkomplexen besteht nicht nur eine äußere Parallele, sondern tiefinnere Kommunikation.

Würde man die als Demokratie bezeichnete soziale Wirklichkeit nur aus ihrer eigenen Ideologie zu verstehen versuchen, dann hätte Rousseau mit seinem pessimistischen Stoßseufzer tatsächlich recht. Allein man darf sich nicht darauf beschränken, Eigengesetzlichkeit und Eigensinn der Ideologie festzustellen, um sie schlechthin als

Gesetz und Sinn der die Ideologie bedingenden Realität hinzunehmen. Man muss vielmehr die von der Ideologie nicht ganz unabhängige, aber möglicherweise sehr verschiedene Gesetzlichkeit und Bedeutung der Realität, man muss neben dem subjektiven auch den objektiven Sinn des sozialen Geschehens zu ergründen suchen. –

Der Idee der Demokratie entspricht Führerlosigkeit. Recht aus ihrem Geiste sind die Worte, die Platon in seinem »Staat« (III, 9) dem Sokrates bei der Frage in den Mund legt, wie in dem Idealstaate ein Mann von hervorragender Qualität, ein Genie behandelt werden soll. »Wir würden ihn als ein anbetungswürdiges, wunderbares und liebenswürdiges Wesen verehren; aber nachdem wir ihn darauf aufmerksam gemacht haben, dass es einen solchen Mann in unserem Staate nicht gebe, und auch nicht geben dürfe, würden wir ihn, sein Haupt mit Öl salbend und bekränzend – über die Grenze geleiten.«[7] Für eine Führernatur ist in der Idealdemokratie kein Platz. Allein das Freiheitsideal der Demokratie, Herrschaftslosigkeit und sohin Führerlosigkeit ist nicht einmal annäherungsweise realisierbar. Denn soziale Realität ist Herrschaft und Führerschaft. Hier kann es sich nur darum handeln, wie der Herrschaftswille gebildet, wie der Führer kreiert wird. Und da ist für die Demokratie charakteristisch: nicht dass der herrschende Wille Wille des Volkes ist, sondern dass eine breite Schichte der Normunterworfenen, dass die größtmögliche Zahl von Gemeinschaftsgliedern an dem Prozesse der Willensbildung teilnimmt, und auch dies nur – wenigstens in der Regel – an einem bestimmten Stadium dieses Prozesses, das man im Allgemeinen als Gesetzgebung bezeichnet, und auch dies nur bei der

Kreation des Gesetzgebungsorgans. Dies hat zur Folge, dass die aus der Masse sich heraushebenden Führer in ihrer spezifischen Funktion auf Gesetzesvollziehung eingeschränkt werden. Sicherlich kann die Regierung – das ist die staatlich-rechtliche Form der Führerschaft – die Gesetzgebung wesentlich beeinflussen. Allein es ist schon charakteristisch, dass sie ein anderes Organ in Funktion setzen muss, um sich die Grundlage ihrer Tätigkeit zu schaffen. Der Mechanismus des parlamentarischen Apparates aber, gekennzeichnet durch den Gegensatz von Majorität und Minorität, bedeutet auch für eine auf die Majorität sich stützende Regierung eine wirksame reale Schranke; was einen nicht unbeträchtlichen Unterschied gegenüber einem politischen Zustand ausmacht, wo der Regent die Gesetze selbst erlässt, die er, bzw. die der ihm unterstellte Verwaltungsapparat vollzieht. Allerdings ist, wie wir früher betont haben, die Ausbildung eines kollegialen Gesetzgebungsorganes neben dem Regierungsorgan eine ganz allgemein zu konstatierende Tendenz, die sich aus der Natur der Gemeinschaftswillensbildung ergibt. Erblickt man schon in der Differenzierung zwischen einem solchen parlamentarischen Organ und dem Regierungsorgan sowie in der dadurch gegebenen Bindung und Beschränkung der Regierung ein Merkmal der realen Demokratie, dann kann man tatsächlich die Tendenz zur demokratischen Form als eine allgemeine Entwicklungstendenz der modernen Staatswesen ansehen. In dieser Tendenz liegt aber zugleich jene eigentümliche Organdifferenzierung, die schon in der Lehre von der Gewaltentrennung Ausdruck gesucht hat.

Die Frage, ob die Gewaltentrennung ein demokratisches Prinzip sei oder nicht, lässt sich mit Rücksicht auf den Gegensatz von Ideologie und Wirklichkeit nicht eindeutig beantworten. Vom Standpunkt der Ideologie entspricht eine Trennung der Gewalten, eine Aufteilung von Gesetzgebung und Vollziehung auf verschiedene Organe durchaus nicht dem Gedanken, dass das Volk nur durch das Volk selbst beherrscht werden dürfe*. Denn aus dieser These muss folgen, dass alle Gewalten und somit alle Funktionen staatlicher Willensbildung beim Volke oder doch bei dem das Volk repräsentierenden Parlament vereinigt sein sollen. Auch ist die politische Absicht, mit der das Dogma von der Gewaltentrennung seit Montesquieu vorgetragen wurde, durchaus nicht gewesen: der Demokratie den Weg zu bereiten, sondern eher umgekehrt: dem durch die demokratische Bewegung von der Gesetzgebung halb und halb verdrängten Monarchen auf dem Gebiete der Vollziehung noch eine Möglichkeit der Machtentfaltung zu geben. Das Gewaltentrennungsdogma ist der Kernpunkt in der Ideologie der konstitutionellen Monarchie. Daher auch die kuriose, mit Begriff und Wesen der – dem Monarchen vorbehaltenen – Vollziehung gänzlich unvereinbare staatsrechtliche, d. h. monarchistische Theorie von der Parität, Gleichwertigkeit und Unabhängigkeit der Vollziehung gegenüber der Gesetzgebung. Eine Theorie, die in der Praxis der konstitutionellen Monarchie von größter Wirksamkeit wird. Denn wie sich hier nun einmal das Spiel der

* Schon Hasbach a. a. O. S. 17 hebt hervor, dass Montesquieus Lehre von der Trennung der Gewalten mit der Idee der Volkssouveränität unvereinbar sei.

Kräfte im Staate gestaltet, hat die Gewaltentrennung zur Folge, dass das vielköpfige Gesetzgebungsorgan, in dem das Volk allein repräsentiert wird, keineswegs als das höchste sich geltend machen kann. Ist die vollziehende Gewalt einem Monarchen übertragen und – ganz im Widerspruch zu ihrem Begriffe – der Legislative statt unterstellt gleichgeordnet, dann tritt dieser Monarch erfahrungsgemäß als übergeordnete Macht der an der Gesetzgebung mitbeteiligten Volksvertretung entgegen. Hier zeigt sich eine politische Überschätzung der Gesetzgebungsfunktion. Es ist beinahe eine Ironie der Geschichte, wenn eine Republik wie die Vereinigten Staaten von Amerika das Dogma von der Gewaltentrennung gläubig übernimmt und gerade im Namen der Demokratie auf die Spitze treibt. Allerdings ist die Stellung des Präsidenten der Vereinigten Staaten bewusst jener des Königs von England nachgeahmt. Wenn in der sog. Präsidentschaftsrepublik die vollziehende Gewalt einem Präsidenten übertragen wird, der nicht aus der Volksvertretung hervorgeht, sondern unmittelbar durch das Volk gewählt ist, und wenn auch in anderer Weise die Unabhängigkeit des mit der vollziehenden Gewalt betrauten Präsidenten gegenüber der Volksvertretung gesichert ist, so bedeutet dies – so paradox es auch erscheinen mag – eher eine Schwächung als – wie vermutlich beabsichtigt – eine Stärkung des Prinzipes der Volkssouveränität. Denn wenn dem nach Millionen zählenden Volke der Wähler nur ein einziger als Gewählter gegenübersteht, dann muss der Gedanke der Repräsentation des Volkes den letzten Schein von Berechtigung verlieren. Was in einem alle Volksparteien umfassenden, vielköpfigen Parlamente vielleicht noch möglich ist: dass sich aus der Zusammenwirkung aller dieser Kräfte etwas wie ein Volkswille bilde, ist bei dem durch unmittelbare Volkswahl berufenen und daher vom Parlamente ganz unabhängigen, durch den ungeheuren und nicht aktionsfähigen Gesamtkörper des Volkes aber nicht kontrollierbaren Präsidenten ebensowenig möglich wie bei dem erblichen Monarchen; ja die Chancen einer – wenn auch nur zeitlich begrenzten Autokratie sind dort unter Umständen noch größer als hier. Die Art der Berufung spielt keine entscheidende Rolle. Wie wenig verwandt der Repräsentativgedanke dem demokratischen Prinzipe ist, erkennt man daraus, dass die Autokratie sich derselben Fiktion bedient. Wie der Monarch und ganz besonders der absolute Monarch, so gilt auch jeder vom Monarchen eingesetzte Beamte als O r g a n, daher aber als Repräsentant der Volksgesamtheit, des Staates. Es hat keinen Usurpator und keinen Tyrannen gegeben, der auf diese Rechtfertigung seiner Macht verzichtet hätte. Die mit der Repräsentationsformel sich legitimierende Autokratie eines erblichen Monarchen und die Pseudodemokratie eines gewählten Kaisers unterscheiden sich nicht allzusehr voneinander.

Immerhin sieht man die Gewaltentrennung auch in demokratischer Richtung wirksam werden. Zunächst, sofern sie eine A u f t e i l u n g der Macht bedeutet und eine die Expansion und willkürliche Ausübung der Staatsgewalt fördernde Konzentration der Gewalt verhindert. Dann aber dadurch, dass sie das bedeutsame Stadium der g e n e r e l l e n Staatswillensbildung dem unmittelbaren Einfluss der Regierung zu entziehen strebt und der unmittelbaren Beeinflussung durch die Normunterworfenen eröffnet, die Funktion der Regierung aber zur G e s e t z e s v o l l z i e h u n g herabdrückt.

Dies bedeutet nicht eigentlich eine »Minimisierung« der Herrschaft. Man möchte eher glauben, dass die Summe der in der politischen Herrschaft sich äußernden sozialen Energie – wenn man sich dieses Bildes bedienen darf – beim Übergang von autokratischen zu demokratischen Staatsformen konstant bleibt, dass es sich dabei nur um eine gewisse Verteilung des früher in einem Punkte konzentrierten Gewichts der Herrschaft handelt, wodurch diese subjektiv leichter empfunden wird. Der Herrschaftswille verliert dadurch nichts an Intensität, dass er durch das Zusammenwirken einer Mehrheit von Organen entsteht. Die Idee der Führerschaft freilich wird dadurch verdunkelt, dass die Regierung unter einem vielhundertköpfigen Parlament stehend vorgestellt werden muss, dass an Stelle des einen, die Herrschaft einzig und allein repräsentierenden Führers eine Vielheit von Personen tritt, die sich in die Funktion der Führerschaft, d.i. der Erzeugung des leitenden Willens, teilen.

Damit wird die Kreation dieser vielen Führer zum Kernproblem der realen Demokratie, die – in Widerspruch zu ihrer Ideologie – nicht eine führerlose Gemeinschaft ist, die sich nicht durch den Mangel, sondern eher durch die Fülle der Führer von der realen Autokratie unterscheidet. Und sohin ergibt sich als ein Wesenselement der realen Demokratie eine besondere Methode der Auslese der Führer aus der Gemeinschaft der Geführten.

Diese Methode ist die Wahl. Die soziologische Analyse dieser Funktion ist für die Wesenserkenntnis der realen Demokratie von grundlegender Bedeutung. Und gegenüber dieser speziellen Funktion der Demokratie wiederholt sich das Problem, das sich uns an dem Gesamttatbestand der Demokratie bereits ergeben hat: die Divergenz zwischen Ideologie und Wirklichkeit. In ihrer eigenen demokratischen Ideologie will die Wahl Willensübertragung von dem Wähler auf den Gewählten sein. Und von dieser Ideologie aus gedeutet wäre die Wahl und sohin die auf ihr beruhende Demokratie, wie man gesagt hat, »innere logische Unmöglichkeit«; denn der Wille ist in Wirklichkeit nicht übertragbar, celui qui délègue, abdique.[8] Man kann sich im Willen nicht vertreten lassen, hat schon Rousseau gelehrt. Allein diese ideologische Deutung der Wahl entspringt offenkundig der Absicht, die Fiktion der Freiheit aufrecht zu erhalten. Da der Wille, um frei zu bleiben, nur sich selbst bestimmen darf, muss der von den Gewählten erzeugte Herrscherwille als der Wille der Wähler gelten. Daher die fiktive Identifikation der Wähler mit den Gewählten. Allein die objektive Sinndeutung der Wahl darf sich von deren subjektiven Ideologie nicht irreführen lassen. Die reale Deutung dieser Funktion ist eine andere.

Rein formal betrachtet, zeigt sich ihr Wesen als eine Methode der Organkreation, die im Gegensatz zu anderen durch zwei Momente charakterisiert ist: erstlich, dass es keine einfache, sondern eine zusammengesetzte Funktion ist, an der eine Vielheit von Teilorganen zusammenwirken. Dann aber, dass das durch die Wahl kreierte Organ über den Kreationsorganen steht, weil durch die Wahl ein Organ geschaffen wird, das den die Wähler unterwerfenden Herrschaftswillen, die sie bindenden Normen erzeugt. In Bezug auf diese beiden Momente steht die Wahl in direktem Gegensatz zur Ernennung, der für die reale Autokratie spezifischen Organkreationsmethode. Gerade das zweite der beiden hier angeführten Merkmale der Wahl: dass die Geführten den Führer, die Normunterworfenen die normsetzende Autorität erzeugen, ist mit ein Grund, der zu der ideologischen Fiktion der Willensübertragung führt. Denn die soziale Autorität wird – das lehrt psychologische, bzw. psychoanalytische Erfahrung – als *väterliche* Autorität imaginiert. Die soziale, ebenso wie die religiöse, wie überhaupt *jede* Autorität wird ursprünglich so erlebt wie die erste Autorität, die in das Leben des werdenden Menschen eintritt: als *Vater*, als Landesvater oder Gottvater. – Und diese psychologische Provenienz der sozialen Autorität verhindert die Vorstellung einer Erzeugung der Autorität durch die Autoritätsunterworfenen. Solche Vorstellung besagt nämlich: dass der Vater von den Kindern, der Erzeuger vom Erzeugten erzeugt würde. Und so wie im primitiven Zustand des Totemismus die Clangenossen sich gelegentlich bei gewissen orgiastischen Festen die Maske des heiligen Totemtieres, d. i. des Urvaters des Clans, vornehmen, um für eine kurze Zeit, selbst den Vater spielend, alle Bande sozialer Ordnung abzustreifen, so bekleidet sich das normunterworfene Volk in der demokratischen Ideologie mit dem Charakter unveräußerlicher, nur der Funktion nach übertragbarer und auf die Gewählten immer wieder neu zu übertragender Autorität. Auch die Lehre von der Volkssouveränität ist – wenn auch sehr verfeinert und vergeistigt – eine totemistische Maske*.

* Vgl. dazu *meine* Abhandlung: Gott und Staat, in: »Logos«, Internationale Ztschr. für Philosophie der Kultur, Bd. XI, Heft 3. S. 261 ff.

Das wahre Gesicht aber zeigt nebst den bereits skizzierten formalen, die folgenden Züge: Durch die demokratische »Wahl« wird der Führer nicht nur *von* der sozialen Gemeinschaft der Geführten, er wird auch *aus* ihnen, aus ihrer Mitte heraus zur Führerstellung emporgehoben. Was *Max Weber* so treffend als *Autokephalie* bezeichnet, ist in hohem Maße für die reale Demokratie charakteristisch und differenziert diesen Tatbestand gegenüber jener politischen Organisation, die man Autokratie und neuerdings lieber *Diktatur* nennt. Deren Ideologie lässt den Führer als ein der ihm unterworfenen sozialen Gemeinschaft gegenüber gänzlich *andersartiges* und sohin als ein *höheres* Wesen gelten, das der Strahlenkranz göttlicher Herkunft oder magischer Kräfte umgibt. Der autokratischen Ideologie nach ist der Führer überhaupt nicht ein von der Gemeinschaft erzeugtes oder von ihr erzeugbares Organ. Er ist als eine Macht vorzustellen, von der diese Gemeinschaft allererst erzeugt wird, als ein Wesen, das womöglich überhaupt nicht auf eine nach menschlichem Verstand begreifbare Art entsteht. Im System der autokratischen Ideologie bildet die Herkunft, Berufung, Kreation des Führers keine zulässige, mit den Mitteln rationaler Erkenntnis aufstellbare oder gar lösbare Frage. Die Führerschaft repräsentiert hier einen *absoluten* Wert, der sich in der Vergöttlichung des Führers ausdrückt. Die Wirklichkeit: der Tod des Führers stellt diese Ideologie vor ein äußerst peinliches Problem, das man – echt ideologisch – mitunter in der Weise verhüllt, dass man als eigentlichen Herrscher überhaupt nicht die menschliche Person des sterblichen Monarchen, sondern, wie z. B. im ungarischen Staatsrecht, nur ein Abstraktum, die *ewige*, heilige Krone gelten lässt. Die Wirklichkeit aber zeigt: Usurpation der Führerstellung, also eine Art Selbsterzeugung des Organs der Herrschaft, oder für den Fall der Nachfolge in der Führerschaft, falls keine Bestimmung des Nachfolgers durch den bisherigen Diktator und auch keine Erbfolge eintritt, dass man den Herrscher nicht aus dem eigenen Volke, sondern aus einem fremden nimmt (Heterokephalie).

Im System der demokratischen Ideologie steht das Problem der Führerkreation im Mittelpunkt rationaler Erwägungen. Führerschaft repräsentiert keinen absoluten, sondern durchaus nur einen relativen Wert: der Führer gilt nur für eine gewisse Zeit und nur nach gewissen Richtungen als »Führer«; er ist im Übrigen den Genossen gleich und untersteht der Kritik. Daher auch hier: Publizität der Herrschaftsakte, während dort das Prinzip der Geheimhaltung. Aus der Tatsache, dass der Führer in der Autokratie der Gemeinschaft transzendent ist, während er ihr in der Demokratie immanent ist, folgt für die Autokratie die charakteristische Konsequenz, dass der die Herrschaftsfunktion ausübende Mensch stets über und nicht unter der sozialen Ordnung stehend vorgestellt wird, sohin wesentlich unverantwortlich ist, während die Verantwortlichkeit der Führer ein spezifisches Merkmal der realen Demokratie ist. Vor allem aber: Da Führerschaft in der Demokratie keine übernatürliche Qualität ist, sondern man zum Führer gemacht werden kann, ist Führerschaft auch nicht dauerndes Monopol eines Einzelnen oder einiger Weniger. Das Bild der realen Demokratie zeigt das Faktum eines mehr oder weniger raschen Führerwechsels. Gewiss kann man auch hier die Tendenz des Führers konstatieren, sich in der Führerstellung dauernd zu behaupten. Aber diese Tendenz stößt hier auf Widerstände, die nicht zuletzt von der Ideologie ausgehen, die in den Seelen der Menschen, als Motive ihres Verhaltens, wirksam werden. Die Rationalisierung der Führerschaft mit ihren Konsequenzen: Publizität, Kritik, Verantwortlichkeit, die Vorstellung der freien Erzeugbarkeit des Führers machen es unmöglich, dass der Führer amovibel[9] wird. In demselben Maße aber, als er es wird, ändert sich auch die Ideologie der Führerschaft. Für die reale Demokratie ist demnach ein stetes Aufströmen aus der Gemeinschaft der Geführten in die Führerstellung charakteristisch. (Um Missverständnisse zu vermeiden, sei bemerkt, dass hier nicht so sehr von Parteiführerschaft, sondern von Staatsführerschaft die Rede ist, die sich in der Staatsregierung äußert.)

Durch diese für die reale Demokratie überaus bezeichnende Bewegung hebt sich diese deutlich von der Autokratie ab, wo es keine oder doch nur sehr geringe Aufstiegmöglichkeiten gibt und starre Gebundenheit in eine relativ unwandelbare Herrschaftsrelation vorliegt. Die spezifisch demokratische Methode der Führerauslese bedeutet somit der Autokratie gegenüber eine wesentliche Verbreiterung des für die Auslese zur Verfügung gestellten Materials, d.i. der um die Führerstellung konkurrierenden Persönlichkeiten.

Da Demokratie wie Autokratie nur Methoden sind, eine soziale Ordnung zu erzeugen, glauben die Vertreter des einen wie des anderen Prinzipes, durch dieses die beste Ordnung erreichen zu können. Und darum ist es eine so gänzlich leere und nichtssagende, wenn auch seit jeher äußerst beliebte Argumentation, mit der man die Autokratie gegen die Demokratie auszuspielen versucht: Diese könne vor jener nicht bestehen, weil Autokratie den einzig möglichen Grundsatz vertrete, dass der Beste und nur der Beste herrschen solle. Der »Beste«: Das kann in diesem Zusammenhange nur bedeuten, wer die besten Normen setzt; und die besten Normen, das sind eben die Normen, die allein gesetzt werden sollen. Das Schlagwort von der Herrschaft des Besten entpuppt sich als eine elende Tautologie. Nicht das ist fraglich, ob der Beste herrschen solle. Darüber sind sich die Vertreter der Autokratie wie der Demokratie einig; sondern das allein ist politisches, nämlich sozialtechnisches Problem: wie der Beste oder die Besten zur Herrschaft kommen, die Herrschaft behaupten können. Auf die Methode der Führerkreation kommt es an. Und gerade von diesem Standpunkte aus können die Vertreter des autokratischen Ideals nichts gegen die Demokratie vorbringen. Denn das autokratische System kennt, wie eben dargelegt, streng genommen überhaupt keine Methode der Führerkreation, es breitet über das wichtigste Problem der Politik jenen mystisch-religiösen Schleier, der die Geburt des göttlichen Helden dem profanen Volk verhüllt. Das heißt in Wahrheit: Die Antwort auf die Frage, wer soll Führer sein und wie wird man es, bleibt dem Zufall der Gewalt überlassen. Aber auch für die Demokratie wird eine gewissenhafte Prüfung der hier bestehenden Methode der Führerauslese nichts Entscheidendes vorbringen können*. Wird behauptet, dass Demokratie

* Dass Demokratie die beste Führerauslese garantiere, soll im Text nicht behauptet, sondern nur die Besonderheit der demokratischen gegenüber der autokratischen Methode hervorgehoben werden. Gegenüber einem in diesem Punkte unzutreffenden Wert-

den Maulhelden und den auf die bösesten Instinkte der Massen spekulierenden Demagogen zur Führerschaft hilft, so kann demgegenüber wieder ins Treffen geführt werden, dass es gerade die Methode der Demokratie ist, die den Kampf um die Führerschaft auf die breiteste Grundlage stellt, indem sie die Führerschaft überhaupt zum Gegenstand öffentlichen Wettbewerbes macht, und so erst eine Basis, ja die größtmögliche Basis für eine Auslese schafft, während das autokratische Prinzip besonders in seiner realen Gestaltung als bürokratische Monarchie häufig nur wenig Garantien dafür bietet, dass der Tüchtige freie Bahn findet. Dazu kommt, dass die Demokratie – erfahrungsgemäß – so wie sie den Aufstieg zur Führerschaft erleichtert, zugleich auch Garantien dafür schafft, dass ein Führer, der sich nicht bewährt, rasch wieder beseitigt wird, während die Autokratie mit ihren Prinzipien der Lebenslänglichkeit oder gar Erblichkeit von Funktionen gerade in einem gegenteiligen Sinne wirkt. Und im innigsten Zusammenhange damit steht, dass in der Demokratie, bei dem hier herrschenden Grundsatz des Sichbewährens und der Freiheit der Kritik die Schäden in der öffentlichen Verwaltung

urteil, das ich in der ersten Auflage dieser Schrift zugunsten der Demokratie abgegeben, hat mir Reinhold Horneffer in seiner Schrift »Hans Kelsens Lehre von der Demokratie«, Erfurt 1926, mit Recht Inkonsequenz vorgeworfen, S. 77 f. Wenn ich mich für die Demokratie entscheide, geschieht es ausschließlich aus Gründen, die im letzten Kapitel dieser Arbeit entwickelt sind: aus der Beziehung der demokratischen Staatsform zu einer relativistischen Weltanschauung. Dies war schon der Standpunkt meiner Allgemeinen Staatslehre, was Horneffer übersehen zu haben scheint.

leicht und schnell enthüllt werden, während die Autokratie bei dem vorherrschenden Grundsatz konservativer Wahrung der Autorität der einmal eingesetzten Funktionäre ein traditionelles System der Verhüllung entwickelt. Was kurzsichtige Beobachter in der Demokratie ein größeres Maß von Korruption erblicken lässt als in der Autokratie. Sicherlich ist es ein großer Segen, wenn eine geniale und sittliche Persönlichkeit sich als unbeschränkter Monarch entwickeln kann. Allein wie die Geschichte neben innerlich zerfallenden auch macht- wie kulturpolitisch blühende Demokratien kennt, zeigt sie in unbestechlichem Gleichmut neben den Idealgestalten glorreicher die Schreckbilder verkommener Cäsaren, die ihre Staaten vernichtet und ihre Völker in namenloses Unglück gestürzt haben.

Wie der für die Idee der Demokratie primäre Gedanke der Freiheit: dass keiner Führer sein soll, in der sozialen Wirklichkeit zu dem Prinzipe wird: dass jeder Führer werden kann, so wandelt sich das sekundäre Prinzip grundsätzlicher Gleichheit der Individuen zu einer Tendenz möglichster Ausgleichung. Die demagogische Voraussetzung, dass alle Bürger gleich geeignet seien, jede beliebige Staatsfunktion zu leisten, wird schließlich zur bloßen Möglichkeit, alle Bürger zu den Staatsfunktionen geeignet zu machen. Die Erziehung zur Demokratie wird eine der praktischen Hauptforderungen der Demokratie selbst*. Und obgleich alle Erziehung als ein

* Vgl. dazu meine Abhandlung »Politische Weltanschauung und Erziehung«, in Annalen für soziale Politik und Gesetzgebung, 2. Bd., 1. Heft, S. 1 ff. (1912).

Verhältnis des Lehrers zum Schüler, als geistige Führer- und Gefolgschaft, ihrem innerlichsten Wesen nach, in einem guten Sinne autokratisch-autoritär ist, gestaltet sich das Problem der Demokratie in der Praxis des sozialen Lebens dennoch zu einem Erziehungsproblem allergrößten Stiles*. Unter diesem Gesichtspunkt ist auch die Frage nach der Befähigung einer bestimmten Klasse zur Herrschaft oder Mitherrschaft im Staate zu beurteilen. Und das ist eine Frage, sollte doch eine Frage sein. Es ist einer der Irrtümer der sozialistischen Theorie von der Diktatur des Proletariats, dass sie, die sich die soziale Revolution – begreiflicherweise – ganz nach Analogie der bürgerlichen Revolutionen von 1789 und 1848 vorstellte, von der selbstverständlichen Annahme ausging, das Proletariat werde zur Übernahme der Gewalt ebenso befähigt sein, wie es seinerzeit die Bourgeoisie war**. Allein das Bürgertum war – kraft seiner wirtschaftlichen Situation – in der Lage gewesen, sich für die politische Herrschaft, von der es der Adel ferne gehalten hatte, vorzubereiten. Es ist vielleicht ein tragisches Geschick, dass die politische Herrschaft dort, wo sie bisher vom Proletariate erobert wurde, in unvorbereitete Hände fiel, die – eben darum – nicht imstande sind, sie dauernd festzuhalten. Nicht allein die Verwaltungskatastrophe der russischen sozialistischen Republik ist damit gemeint, sondern auch die außerordentlichen Schwierigkeiten, die der von Abkömmlingen der Bourgeoisie geführten sozialdemokratischen Partei in Deutschland wie in Österreich daraus erwachsen, dass sie innerhalb des

* Vgl. dazu Steffen a. a. O. S. 97.

** Steffen a. a. O. S. 148, 149.

Proletariates über die qualifizierten Kräfte nicht verfügt, die sie benötigt, um sich des Verwaltungsapparates auch nur in jenem beschränkten Maße zu bemächtigen, als dies einer bürgerlich-sozialistischen Regierungskoalition entspricht.

IX. FORMALE UND SOZIALE DEMOKRATIE.

Von marxistischer Seite wird der auf dem Majoritätsprinzip aufgebauten Demokratie, als der *formalen, bürgerlichen* Demokratie, die *soziale, proletarische* Demokratie entgegengestellt, worunter eine soziale Ordnung verstanden wird, die den Normunterworfenen nicht nur einen formal gleichen Anteil an der Erzeugung des Gemeinschaftswillens, sondern auch ein in irgendeinem Sinne *gleiches Maß von Gütern gewährleistet*. Diese Entgegenstellung muss auf das entschiedenste abgelehnt werden. Der *Freiheitswert* und nicht der Gleichheitswert ist es, der die Idee der Demokratie in erster Linie bestimmt. Gewiss spielt auch der Gedanke der Gleichheit in der demokratischen Ideologie seine Rolle; doch – wie wir gesehen haben – nur in einem durchaus negativen, formalen und sekundären Sinne. Weil alle möglichst und sohin gleich *frei* sein sollen, sollen alle an der Bildung des staatlichen Willens beteiligt und sohin in gleichem Maße beteiligt sein. Der Kampf um die Demokratie ist *historisch* ein Kampf um die politische *Freiheit*, d. h. um die Beteiligung des Volkes an Gesetzgebung und Vollziehung. Dass die Idee der Gleichheit, sofern sie etwas anderes ist als der Gedanke der *formalen Gleichheit in der Freiheit*, d. h. der Gleichheit der politischen Berechtigung, mit dem Begriffe der Demokratie nichts zu tun hat, zeigt sich am deutlichsten darin, dass die Gleichheit im Sinne eines nicht formalen politischen, sondern materiellen, ökonomischen Gleich-Seins aller auch in einer anderen als in einer demokratischen, nämlich einer autokratisch-diktatorischen Staatsform – in dieser vielleicht sogar noch besser als in jener – verwirklicht werden kann. Ganz abgesehen davon, dass mit dem durch die »soziale« Demokratie allen Bürgern zu sichernden gleichen Maße an Gütern stets auch ein reiches Maß gemeint ist, kann der Begriff der Gleichheit so verschiedene Bedeutung annehmen, dass es schlechthin unmöglich ist, ihn mit dem Begriffe Demokratie wesenhaft zu verbinden. Diese »Gleichheit« will so viel heißen wie Gerechtigkeit, und sie ist ebenso vieldeutig wie diese. Die marxistische Theorie oder doch eine bestimmte neuere Richtung derselben, speziell die bolschewistische Doktrin, will eben unter dem Namen der »Demokratie« an Stelle der Freiheitsideologie die Gerechtigkeitsideologie schieben. Es ist aber ein offenbarer Missbrauch der Terminologie, das Wort Demokratie, das – ob nun ideologisch oder realistisch betrachtet – eine bestimmte Methode der Erzeugung der sozialen Ordnung darstellt, für einen Inhalt dieser sozialen Ordnung zu gebrauchen, der mit ihrer Erzeugungsmethode in keinem Wesenszusammenhange steht. Eine solche terminologische Manipulation hat, wenn schon nicht die Absicht, so doch die bedenkliche Wirkung, dass die große Kraft der Rechtfertigung und der ganze Gefühlswert, den das Schlagwort der Demokratie dank deren Freiheitsideologie mit sich führt, einem politischen Zustand ausgesprochener Diktatur zugute gebracht wird. Man leugnet einfach – in Konsequenz dieses dem formalen entgegengesetzten, sozialen Demokratiebegriffes – den Unterschied von Demokratie und Diktatur und erklärt die Diktatur, die angeblich die soziale Gerechtigkeit verwirklicht, als die »wahre« Demokratie. Und dies mit der Nebenwirkung, die Demokratie von heute und damit das Verdienst der Gruppe, die sie zum Teil sehr gegen ihre materiellen Interessen herbeigeführt hat, in ungerechter Weise herabzusetzen.

Dass es gerade das sozialistische Ideal ist, bei dessen Durchsetzung die demokratische Methode über Bord geworfen werden muss, mutet deshalb so seltsam an, weil der Sozialismus seit [Karl] Marx und [Friedrich] Engels von der nicht nur für seine bisherige politische, sondern auch für seine ökonomische Theorie grundlegenden Voraussetzung ausgeht, dass das ausgebeutete und verelendete Proletariat die erdrückende Mehrheit der Bevölkerung bildet und dass dieses Proletariat nur zum Bewusstsein seiner Klassenlage kommen müsse, um sich in der sozialistischen Partei zum Klassenkampf gegen eine verschwindende Minderheit zu organisieren. Nur darum konnte gerade der Sozialismus die Demokratie fordern, weil er sich einer Herrschaft sicher glaubte, über deren Besitz die Mehrheit entscheidet. Schon das Entstehen bürgerlicher Demokratien in der ersten Hälfte des 19. Jahrhunderts und mehr noch ihr gesicherter Fortbestand sowie ihre fortschreitend demokratische Entwicklung in der Folgezeit war mit den Voraussetzungen des Sozialismus nicht mehr ganz vereinbar. Warum wird die bloß politische Demokratie nicht auch zur wirtschaftlichen, d.h. warum herrscht eine bürgerlich-kapitalistische, nicht aber eine proletarisch-kommunistische Gruppe, wenn das zur sozialistischen Gesinnung erzogene Proletariat die Mehrheit bildet und das allgemeine und gleiche Wahlrecht der Mehrheit die Herrschaft im Parlament sichert? Natürlich gilt die Frage nur dort, wo echte Demokratie herrscht, wo die Allgemeinheit und Gleichheit der politischen Rechte unzweifelhaft besteht. Das ist aber in den großen Demokratien Westeuropas und Amerikas, das ist, im Grunde genommen, auch in Deutschland und Österreich der Fall. Die Berufung auf die Praktiken der Wahlordnung, wie Wahlkreisgeometrie, Erschwerung der Ausübung des Wahlrechtes für gewisse Kategorien von Wählern u. ä., insbesondere der Hinweis auf den mächtigen Einfluss der kapitalistischen Presse reichen keineswegs aus, um die Situation zu rechtfertigen. Wenn die bürgerliche Demokratie im Stadium der bloß politischen Gleichheit stecken bleibt, wenn die politische Gleichheit nicht zur wirtschaftlichen »Gleichheit« führt, so hat dies – wie der Anschauungsunterricht der jüngsten Revolution, speziell in Russland[10], nur allzudeutlich zeigt – eben darin seinen Grund, dass das an der wirtschaftlichen Gleichheit und der sie bedingenden Verstaatlichung oder Vergesellschaftung der Produktion interessierte Proletariat im Widerspruch zu einer Jahrzehnte vertretenen Lehrmeinung des Sozialismus nicht oder noch nicht die überwiegende Mehrheit des Volkes, ja dort, wo der Sozialismus durch das Proletariat tatsächlich zur Alleinherrschaft kam, nur eine schwache Minorität bildet. Das ist der Grund für den prinzipiellen Wechsel in der politischen Methode eines Teiles der sozialistischen Partei, das ist der Grund, weshalb an die Stelle der Demokratie, die noch M a r x und E n g e l s mit der D i k t a t u r des Proletariates für vereinbar, ja geradezu für die Form der Diktatur hielten, eben jene Diktatur treten musste, die sich als Absolutismus eines politischen Dogmas und einer dieses Dogma vertretenden Parteiherrschaft darstellt. Und so wird das demokratische Ideal fallen gelassen vom linken Flügel der proletarischen Partei, weil er glaubt, dass das Proletariat in dieser politischen Form noch nicht oder doch nicht in absehbarer Zeit die Macht erobern kann; vom rechten Flügel der bürgerlichen Parteien aber, weil dieser glaubt, dass die Bourgeoisie in dieser politischen Form die Macht nicht mehr oder doch nicht mehr lange wird verteidigen können. Ein deutliches Symptom dafür, dass sich die Kräfte beider Gruppen einem Zustand nähern, in dem sie sich tatsächlich das Gleichgewicht halten*.

* Vgl. Anm. auf S. 92 f.

X. DEMOKRATIE UND WELTANSCHAUUNG.

Wenn – wie im Vorhergehenden gezeigt wurde – Demokratie nur eine Form, nur eine Methode ist, die soziale Ordnung zu erzeugen, gerade dann erscheint ihr Wert – sofern nun auch nach diesem die Frage – im höchsten Maße problematisch. Denn mit einer spezifischen Erzeugungsregel, mit einer bestimmten Staats- oder Gesellschafts form ist noch in keiner Weise die offenbar viel wichtigere Frage nach dem Inhalt der staatlichen Ordnung beantwortet. Für die Lösung des sozialen Problems scheint es doch darauf anzukommen, wie die staatliche oder gesellschaftliche Ordnung materiell gestaltet sein soll, ob sozialistisch oder kapitalistisch, ob sie weit in die Sphäre des Individuums eingreifen oder sich auf ein Minimum beschränken soll, kurz: nicht so sehr wie die Normen erzeugt, sondern was durch die Normen statuiert werden soll. Heißt es nicht die Form auf Kosten des Inhaltes ungebührlich überschätzen, wenn in der politischen Diskussion sich beinahe alles um die Entscheidung zwischen Demokratie und Autokratie dreht? Und gerade der Demokratismus hat die ausgesprochene Tendenz, das entscheidende Problem in diesem Sinne zu stellen, während der Autokratismus aus Gründen, die früher erörtert wurden, die Frage nach der Staats form in den Hintergrund drängt. Gesetzt, die staatliche Ordnung dürfe nur durch diejenigen bestimmt werden, für die sie Geltung beansprucht, die Frage der Staatsform sei also entschieden, so eröffnet sich erst jetzt die eigentliche Aufgabe: Welchen Inhalt soll das Volk den von ihm selbst geschaffenen Gesetzen geben? Selbst radikale Demokraten werden wohl nicht gut behaupten können, dass mit der Frage der Staatsform auch die des Staatsinhaltes, das ist des richtigen, besten Inhaltes der Staatsordnung entschieden sei: Solches könnte nur meinen, wer die Anschauung vertritt, dass das Volk, und nur das Volk, im Besitze der Wahrheit wäre, die Einsicht des Guten hätte. Solche Anschauung ließe sich kaum anders begründen als mit einer religiös-metaphysischen Hypothese, derzufolge das Volk, und nur dieses, auf eine übernatürliche Weise in den Besitz seiner Weisheit gelangt. Das hieße an ein Gottesgnadentum des Volkes glauben, eine Zumutung, ebenso unmöglich wie jene, die das Gottesgnadentum eines Fürsten proklamiert.

Zwar haben verschiedentliche Apologeten der Volkssouveränität ähnliche Behauptungen gewagt; und auch Rousseau ist nicht weit davon, wenn er die Verbindlichkeit des Majoritätsbeschlusses, die Autorität der Majorität damit rechtfertigt, dass sich die Minorität über den wahren Inhalt der volonté générale geirrt habe. Allein jedermann fühlt, dass die Verteidiger der Demokratie sich hier eines ihr wesensfremden Argumentes bedienen. Was als Charisma eines individuellen und einzigen Führers auf den Glauben des Volkes Anspruch erheben kann, das lässt sich nicht auf die Vielen, Vielzuvielen[11] der anonymen Masse, auf Herrn Jedermann übertragen: die höchstpersönliche Beziehung zum Absoluten, zur Gottheit, als deren Bote, Werkzeug, Sohn der Autokrat erscheint. Wollte die Demokratie sich ernstlich damit rechtfertigen, sie wäre der Esel in der Löwenhaut. Andererseits muss man nicht gerade ein Pessimist sein, und an das bittere Wort [Henrik] Ibsens glauben, dass die Mehrheit immer Unrecht habe[12], das Volk also einer Einsicht des Richtigen gänzlich unfähig sei; man braucht nur in Zweifel zu ziehen, ob es denn gerade *nur* das Volk, *nur* die Majorität sei, der sich eine Erkenntnis des Wahren und Guten erschließe, um der Forderung der Demokratie zumindest skeptisch gegenüberzustehen. Diese Situation muss sich tatsächlich für die Demokratie hoffnungslos gestalten, wenn man von der Annahme ausgeht, dass eine Erkenntnis *absoluter Wahrheit*, dass eine Einsicht in *absolute Werte* möglich ist. Denn was kann es gegenüber der alles überragenden Autorität des Absolut-Guten anderes geben als den *Gehorsam* derer, denen es das Heil bringt, den bedingungslosen und dankbaren Gehorsam gegenüber demjenigen, der, im Besitz des Absolut-Guten, dieses weiß und will; ein Gehorsam, der freilich in demselben Maße nur auf dem *Glauben* darauf beruhen kann, dass die autoritäre Person des Gesetzgebers im Besitze des Absolut-Guten sei, als eine *Erkenntnis* desselben der großen Menge der Normunterworfenen versagt bleibt.

An diesem Punkte, an dem die Demokratie jede Aussicht auf Rechtfertigung verloren zu haben scheint, gerade an diesem Punkte muss ihre Verteidigung einsetzen.

Das ist nämlich die große Frage: *Ob* es eine Erkenntnis absoluter Wahrheit, eine Einsicht in absolute Werte gibt. Das ist der prinzipielle Gegensatz der Welt- und Lebensanschauungen, in den sich der Gegensatz von Autokratie und Demokratie einfügt: Der Glaube an absolute Wahrheit und absolute Werte schafft die Voraussetzung für eine metaphysische und insbesondere religiös-mystische Weltanschauung. Die Negation dieser Voraussetzung aber, die

Meinung, dass nur relative Wahrheiten, nur relative Werte der menschlichen Erkenntnis erreichbar sind, und sohin jede Wahrheit und jeder Wert – so wie der Mensch, der sie findet – allzeit bereit sein muss, abzutreten und anderen Platz zu machen, führt zur Weltanschauung des Kritizismus und des Positivismus, sofern man darunter jene Richtung der Philosophie und Wissenschaft versteht, die vom Positiven, das heißt vom Gegebenen, Erfassbaren, von der wandelbaren und stets sich wandelnden Erfahrung ausgeht und sohin die Annahme eines dieser Erfahrung transzendierenden Absoluten ablehnt. Diesem Gegensatz der Weltanschauungen entspricht ein Gegensatz der Wertanschauungen, speziell der politischen Grundeinstellung. Der metaphysisch-absolutistischen Weltanschauung ist eine autokratische, der kritisch-relativistischen die demokratische Haltung zugeordnet*.

* Der Zusammenhang einer metaphysischen Weltanschauung mit einem Bekenntnis zur Autokratie lässt sich ideengeschichtlich leicht nachweisen. In seiner trefflichen Schrift: Demokratie und Weltanschauung, Zeitschrift für öffentliches Recht, Bd. 2, S. 701 ff.) hat schon Adolf Menzel gezeigt, wie in der antiken Philosophie alle namhaften Metaphysiker einer autokratischen Politik das Wort sprechen, so Heraklit und Platon (der gerade in dieser Beziehung nicht so sehr als Idealist als vielmehr als Metaphysiker in Betracht kommt, was nicht zusammenfallen muss), während die Sophisten mit ihrem naturphilosophischen Empirismus und Relativismus den Kampf für die Demokratie verbinden. Aristoteles behauptet wie in erkenntnistheoretischer so auch in ethischer Richtung eine Mittelstellung zwischen beiden. – Das gewaltige metaphysische Lehrgebäude der mittelalterlichen Scholastik lässt sich von deren autokratischen Politik systematisch nicht trennen. Denn wenn die Organisation der

menschlichen Gesellschaft als Universalmonarchie – mit dem Kaiser oder dem Papst an der Spitze – gedacht wird, geschieht dies durchaus, weil man sich diese Organisation nach Analogie der göttlichen Weltherrschaft dachte. Vgl. dazu meine Schrift: Die Staatslehre des Dante Alighieri, 1905. – Spinoza, dessen Pantheismus als Wendung von der Metaphysik zu empirischer Naturerkenntnis verstanden werden muss, ist Demokrat; der Metaphysiker Leibniz mit seiner prästabilierten, von Gott gestifteten Harmonie konsequenterweise für Autokratie.
Eine eigenartige Stellung nimmt Kant ein. Dessen System pflegt man als »Idealismus« zu bezeichnen und dem Positivismus entgegenzusetzen. Allein das ist gewiss unrichtig. Gerade der Kant'sche Idealismus ist schon kraft seines durchaus kritischen Charakters positivistisch. Die Transzendentalphilosophie kann nur als Theorie der Erfahrung richtig verstanden werden. Sie müsste, konsequent durchdacht, auch auf dem Gebiete der Wertanschauung zu einer Ablehnung alles metaphysisch Absoluten, zu relativistischen Aufstellungen führen. So sehr der antimetaphysische und sohin positivistische Charakter der Kantischen Naturphilosophie betont wird, so traditionell ist es, die Ethik und das politische Raisonnement Kants in den schärfsten Gegensatz zu einer relativistisch-skeptischen Grundanschauung zu stellen; und diese Auffassung kann sich zweifellos auf Kants eigene Worte stützen. Das ethisch-politische System Kants ist ganz und gar metaphysisch orientiert und seine praktische Philosophie mit ihrer konservativ-monarchistischen Staats- und Rechtslehre sohin durchaus auf absolute Werte eingestellt. (Vgl. dazu meine Schrift: Die philosophischen Grundlagen der Naturrechtslehre und des Rechtspositivismus. Vorträge der Kant-Gesellschaft Nr. 31, 1928, S. 75 f.)
Sein kritisches System der reinen Vernunft aber macht die Erkenntnis zu einem ewigen, niemals abgeschlossenen Prozess, verlegt die Wahrheit ins Unendliche, erklärt sie somit im Grunde für ebenso unerreichbar wie dies der Skeptizismus tut. Da sich die Erkenntnis ihres Gegenstandes nie ganz bemächtigen kann, schiebt sich in der Kantischen Philosophie an Stelle der Frage nach dem

Wer absolute Wahrheit und absolute Werte menschlicher Erkenntnis für verschlossen hält, muss nicht nur die eigene, muss auch die fremde, gegenteilige Meinung zumindest für möglich halten. Darum ist der Relativismus die Weltanschauung, die der demokratische Gedanke voraussetzt. Demokratie schätzt den politischen Willen jedermanns gleich ein, wie sie auch jeden politischen Glauben, jede politische Meinung, deren Ausdruck ja nur der politische Wille ist, gleichermaßen achtet. Darum gibt sie jeder politischen Überzeugung die gleiche Möglichkeit, sich zu äußern und im freien Wettbewerb um die Gemüter der Menschen sich geltend zu machen. Darum hat man nicht mit Unrecht das dialektische, in Rede und Gegenrede sich entfaltende, die Normerzeugung vorbereitende Verfahren der Volks- wie Parlamentsversammlung als demokratisch erkannt. Die für die Demokratie so charakteristische Herrschaft der Majorität unterscheidet sich von jeder anderen Herrschaft dadurch, dass sie eine Opposition – die Minorität – ihrem innersten Wesen nach nicht nur begrifflich voraussetzt, sondern auch politisch anerkennt und in den Grund- und Freiheitsrechten, im Prinzipe der Proportionalität schützt. Je stärker aber die Minorität, desto mehr wird die Politik der Demokratie eine

Gegenstand der Erkenntnis die Frage nach der Methode der Erkenntnis, ja es werden beide Fragen geradezu identifiziert. Man hat diesen Methodologismus, diese Bevorzugung der auf die Methode eingestellten Frage dem Kantianismus sehr zum Vorwurf gemacht. Drängt sich da nicht die Parallele zu einer politischen Einstellung auf, die an Stelle der Frage nach dem richtigen Inhalt der sozialen Ordnung die Frage nach dem Weg, nach der Methode der Erzeugung dieser Ordnung stellt?

Politik des Kompromisses, wie auch für die relativistische Weltanschauung nichts charakteristischer ist als die Tendenz zum vermittelnden Ausgleich zwischen zwei gegensätzlichen Standpunkten, von denen man sich keinen ganz und vorbehaltlos und unter völliger Negation des anderen zu eigen machen kann. Die Relativität des Wertes, den ein bestimmtes politisches Glaubensbekenntnis aufrichtet, die Unmöglichkeit, für ein politisches Programm, für ein politisches Ideal – bei aller subjektiven Hingebung, bei aller persönlichen Überzeugung – *absolute Gültigkeit* zu beanspruchen, zwingt gebieterisch zu einer Ablehnung auch des *politischen* Absolutismus; mag das nun der Absolutismus eines Monarchen, einer Priester-, Adels-, Kriegerkaste, einer Klasse oder sonst privilegierten Gruppe sein. Wer sich in seinem politischen Wollen und Handeln auf *göttliche* Eingebung, auf überirdische Erleuchtung berufen kann, der mag das Recht haben, sein Ohr der Stimme des Menschen zu verschließen und seinen Willen als den Willen des absoluten Guten auch gegen eine Welt von Ungläubigen, Verblendeten, weil anders Wollenden durchzusetzen. Darum konnte die Losung des Gottesgnadentums christlicher Monarchie sein: Autorität nicht Majorität, jene Losung, die zum Angriffsziel für alles geworden ist, was für geistige Freiheit, für wunder- und dogmenbefreite, auf dem menschlichen Verstande und dem Zweifel der Kritik begründete Wissenschaft, politisch aber: für Demokratie ist. Denn wer sich nur auf irdische Wahrheit stützt, wer nur menschliche Erkenntnis die sozialen Ziele richten lässt, *der kann den zu ihrer Verwirklichung unvermeidlichen Zwang kaum anders rechtfertigen als durch die Zustimmung we-*

nigstens der Mehrheit derjenigen, denen die Zwangsordnung zum Heile gereichen soll. Und diese Zwangsordnung darf nur so beschaffen sein, dass auch die Minderheit, weil nicht absolut im Unrecht, nicht absolut rechtlos, jederzeit selbst zur Mehrheit werden kann.

Das ist der eigentliche Sinn jenes politischen Systems, das wir Demokratie nennen und das nur darum dem politischen Absolutismus entgegengestellt werden darf, weil es der Ausdruck eines politischen Relativismus ist.

Im 18. Kapitel des Evangelium Johannis wird eine Begebenheit aus dem Leben Jesu geschildert. Die schlichte, in ihrer Naivität lapidare Darstellung gehört zu dem großartigsten, was die Weltliteratur hervorgebracht; und, ohne es zu beabsichtigen, wächst sie zu einem tragischen Symbol des Relativismus und der – Demokratie. Es ist zur Zeit des Osterfestes, als man Jesus unter der Anklage, dass er sich für den Sohn Gottes und den König der Juden ausgebe, vor Pilatus, den römischen Statthalter führt. Und Pilatus fragt ihn, der in des Römers Augen nur ein armer Narr sein kann, ironisch: Also du bist der König der Juden? Und Jesus antwortet im tiefsten Ernste und ganz erfüllt von der Glut seiner göttlichen Sendung: Du sagst es. Ich bin ein König, und bin dazu geboren und dazu in die Welt gekommen, dass ich der Wahrheit Zeugnis gebe. Jeder, der aus der Wahrheit ist, höret meine Stimme. Da sagt Pilatus, dieser Mensch einer alten, müde und darum skeptisch gewordenen Kultur: Was ist Wahrheit? – Und weil er nicht weiß, was Wahrheit ist und weil er – als Römer – gewohnt ist, demokratisch zu denken, appelliert er an das Volk und veranstaltet – eine Abstimmung. – Er ging hinaus zu den Juden, erzählt das Evangelium, und sprach zu ihnen: Ich finde keine Schuld an ihm. Es ist aber bei euch Herkommen, dass ich euch am Osterfeste einen freigebe. Wollt ihr nun, dass ich euch den König der Juden freigebe? – Die Volksabstimmung fällt gegen Jesus aus. – Da schrien wiederum alle und sagten: Nicht diesen, sondern Barabbas. – Der Chronist aber fügt hinzu: Barabbas war ein Räuber.

Vielleicht wird man, werden die Gläubigen, die politisch Gläubigen einwenden, dass gerade dieses Beispiel eher gegen als für die Demokratie spreche. Und diesen Einwand muss man gelten lassen; freilich nur unter einer Bedingung: Wenn die Gläubigen ihrer politischen Wahrheit, die, wenn nötig, auch mit blutiger Gewalt durchgesetzt werden muss, so gewiss sind wie – der Sohn Gottes.

Anmerkungen

1 Bezogen auf: sozialdemokratisch (in Deutschland: SPD; in Österreich: SPÖ).

2 Aus Cicero, *De re publica*, I,31 (47): »Daher hat die Freiheit nur in dem Staate Raum, in welchem das Volk die höchste Macht hat. Gewiss kann es nichts Köstlicheres geben als die Freiheit – und wenn sie nicht gleichmäßig verteilt ist, so ist sie überhaupt keine Freiheit.« (Marcus Tullius Cicero, *De re publica / Vom Staat*, lat./dt., übers. und hrsg. von Michael von Albrecht, Stuttgart 2013, S. 63.)

3 Vgl. diese neuere Übersetzung: »›Finde eine Form des Zusammenschlusses, die mit ihrer ganzen gemeinsamen Kraft die Person und das Vermögen jedes einzelnen Mitglieds verteidigt und schützt und durch die doch jeder, indem er sich mit allen vereinigt, nur sich selbst gehorcht und genauso frei bleibt wie zuvor.‹« (Jean-Jacques Rousseau, *Du contrat social / Vom Gesellschaftsvertrag*, frz./dt., in Zus.arb. mit Eva Pietzcker übers. und hrsg. von Hans Brockard, Stuttgart 1977 [u. ö.], S. 33.)

4 Vgl. Friedrich Nietzsche, *Also sprach Zarathustra. Ein Buch für Alle und Keinen*, mit einem Nachw. von Josef Simon, Stuttgart 1994, Erster Theil, »Vom neuen Götzen«, S. 48–51, hier S. 49.

5 Gemeint: die parteiinterne Struktur.

6 Vgl. dort den Abschnitt »Von der Demokratie«: »Nimmt man den Begriff in der ganzen Schärfe seiner Bedeutung, dann hat es niemals eine echte Demokratie gegeben, und es wird sie niemals geben. Es geht gegen die natürliche Ordnung, dass die Mehrzahl regiert und die Minderzahl regiert wird.« (Jean-Jacques Rousseau, *Du contrat social / Vom Gesellschaftsvertrag*, frz./dt., in Zus.arb. mit Eva Pietzcker übers. und hrsg. von Hans Brockard, Stuttgart 1977 [u. ö.], S. 146–151, hier S. 149.)

7 Vgl. die Neuübersetzung: »Käme nun ein Mann in unseren Staat, der dank seiner Schlauheit alles Mögliche sein und alles nachahmen kann, und wollte selbst seine Dichtungen vorführen, dann würden wir ihn als heiligen, wunderbaren und angeneh-

men Menschen verehren; wir würden ihm aber sagen, für einen solchen Menschen sei kein Platz in unserem Staat, er dürfe sich also hier nicht niederlassen; dann würden wir ihm Salböl auf sein Haupt gießen, es mit Wolle bekränzen und ihn in einen anderen Staat geleiten; selbst aber wollten wir uns, zu unserem Vorteil, mit einem strengeren und reizloseren Dichter und Erzähler begnügen, der uns die Ausdrucksweise des Schicklichen nachahmt und seine Worte nach den Grundsätzen zu formulieren weiß, wie wir sie zu Beginn festgelegt haben, als wir von der Erziehung der Krieger sprachen.« (Platon, *Der Staat*, übers. und hrsg. von Gernot Krapinger, Stuttgart 2017, S. 116 f.)

8 »Der, der delegiert, dankt ab.«

9 Von Kelsen offenbar nicht dem Wortsinn entsprechend (entfernbar, absetzbar) verwendet, denn gemeint ist hier: unabsetzbar.

10 Auf die Februar- und Oktoberrevolution des Jahres 1917 folgte der russische Bürgerkrieg, der bis 1921 andauerte, acht Millionen Menschen das Leben kostete und schließlich zur Gründung der Sowjetunion durch die siegreichen Bolschewiki führte.

11 Dies ist offenbar eine Anspielung auf Äußerungen Friedrich Nietzsches, vgl. etwa dessen *Also sprach Zarathustra*: »Der Rest: das sind immer die Allermeisten, der Alltag, der Überfluss, die Viel-zu-Vielen – diese alle sind feige.« (Friedrich Nietzsche, *Also sprach Zarathustra. Ein Buch für Alle und Keinen*, mit einem Nachw. von Josef Simon, Stuttgart 1994, Dritter Theil, »Von den Abtrünnigen«, Kap. 1, S. 186 [227]).

12 Es handelt sich möglicherweise um eine Anspielung auf Henrik Ibsens (1828–1906) Schauspiel *Ein Volksfeind*, in dem die Figur Doktor Stockmann ausführt, »dass die Hälfte der Bevölkerung vollkommen verrückt ist; und wenn die andere Hälfte ihren Verstand nicht verloren hat, dann nur deshalb, weil das solche Dummköpfe sind, dass sie gar keinen Verstand besitzen, den sie verlieren könnten. [...] Drehen und wenden die nicht alle Begriffe nach Belieben? Verrühren sie nicht Recht und Unrecht zu einem Brei? Bezeichnen sie nicht alles als Lüge, von dem ich weiß, dass es die Wahrheit ist?« (Henrik Ibsen, *Ein Volksfeind. Schau-*

spiel in fünf Akten, übers. von Christel Hildebrandt, mit einem Nachw. von Walter Baumgartner, Stuttgart 1993 [u. ö.], Fünfter Akt, Stuttgart 1993, S. 100.)

Zu dieser Ausgabe

Grundlage dieser Ausgabe ist:

> Hans Kelsen: Vom Wesen und Wert der Demokratie. Zweite Auflage. J. C. B. Mohr (Paul Siebeck): Tübingen, 1929.

Die Rechtschreibung wurde behutsam modernisiert. Dies betrifft auch die Groß-/Kleinschreibung, während die Getrennt-/Zusammenschreibung sowie die Zeichensetzung unangetastet blieben und somit der Textgrundlage entsprechen.

Die im Original als Endnoten gesetzten Anmerkungen wurden als Fußnoten aufgenommen, um die inhaltliche Bezugnahme auf den Haupttext leichter fassbar zu machen. Die für diese Ausgabe eingefügten und der Klarstellung dienenden Anmerkungen wurden als Endnoten (S. 137–139) gesetzt. Die vorgenommenen Einfügungen in den Originaltext wurden in [] gesetzt und enthalten die Vornamen der von Kelsen genannten Autoren. Das für diese Ausgabe erstellte Glossar soll die im heutigen Sprachgebrauch unüblichen Begriffe erläutern.

Glossar

Agonie: Todeskampf
amalgamieren: verbinden
amorph: ungeformt, ungeordnet
amovibel: entfernbar, absetzbar (vgl. Anm. 9 auf S. 138)
antiheroisch: hier: die Existenz eines übergeordneten Helden verneinend
anthropomorph: hier: menschliche Eigenschaften zuschreibend
Apologet: Anhänger, Verteidiger
Autokephalie (Max Weber): Verbandsform, bei der die Leitung des Verbandes durch die Mitglieder des Verbandes bestellt wird – im Gegensatz zur Heterokephalie, dort wird die Leitung des Verbandes durch Außenstehende bestellt
Autokratie: uneingeschränkte und unkontrollierte Herrschaft durch eine einzelne Person oder Personengruppe
Bankerott, der: Bankrott, der: Zusammenbruch
bureaukratisch: bürokratisch: hier: auf Dauer angestellt
Demagogie: Aufhetzung, Volksverhetzung
Demarkationslinie: Grenzlinie
Denaturierung: (Struktur-)Veränderung
Dogma: feststehende Definition, Glaubenssatz, Lehrsatz
Etatismus: Ansicht, nach der das Staatsinteresse über die Interessen Einzelner sowie der Wirtschaft zu stellen ist
Faszismus: Faschismus
Fühlungnahme: Kontaktaufnahme
Heteronomie: Fremdbestimmtheit – im Gegensatz zu Autonomie (Selbstbestimmung, Unabhängigkeit)
Hyperbel: hier: rhetorisches Stilmittel der Übertreibung
Hypertrophie: anormales Wachstum
Hypostase: etwas, das nur in der Vorstellung existiert, wenngleich ihm die Qualität eines wirklichen Gegenstands zugeschrieben wird.
imaginieren: sich (bildlich) vorstellen
Imperium: hier: Herrschaft, Macht
Influenz: (physikalisch) Vorgang der Ladungstrennung auf einem

Körper, bei dem sich unter dem Einfluss geladener Körper in der Nähe die Ladungsverteilung auf dem Körper ändert
Ingerenz: hier: Einfluss, Einmischung
immanent: innewohnend
inkommensurabel: nicht vergleichbar
Kalkül, der: Kalkül, das: Berechnung, Überlegung
Kollektivum: hier: Gemeinschaft
Kompromiss, das: Kompromiss, der
Konglomerat: Zusammenballung
Konkordanz: Übereinstimmung, Gleichklang
Kreation: Schöpfung, Einrichtung
Krisis: Krise
lex imperfecta: unvollkommenes Gesetz, bei dem an den Verstoß keine Sanktion geknüpft ist
Majorität/Minorität: Mehr-/Minderheit
Obstruktion: hier: Verhinderung des weiteren Fortgangs
Pendel, der: Pendel, das
prästabiliert: hier: vorausgesetzt
Präsumtion: Voraussetzung, Annahme
Pressfreiheit: Pressefreiheit
Proporz: hier kurz für: Proportionalwahl (Verhältniswahl)
Provenienz: Herkunft
Quorum, erhöhtes: der Anteil der zustimmenden Stimmen muss höher sein als die einfache Mehrheit (50 % plus eine Stimme)
Raisonnement: Räsonnement: Abwägung, gründliche Überlegung
realiter: in Wirklichkeit
Resultante: (mathematisch) Summe zweier Kräfte in einem Kräfteparallelogramm, hier: von zwei oder mehreren Kräften beeinflusstes, in der Mitte liegendes Ergebnis
sukzedierend: einander folgend
Totemismus: Glaubensvorstellung, nach der Menschen eine verwandtschaftliche Beziehung zu pflanzlichen oder tierischen Wesen oder Gegenständen haben und diese verehren
transzendent: außerhalb oder jenseits eines Bereiches möglicher Erfahrung, insbesondere des Bereiches der normalen Sinneswahrnehmung liegend

Unifizierung: Vereinheitlichung
Usurpator: jemand, der widerrechtlich die Macht an sich reißt
Veto, suspensives: (bloß) aufschiebender Einspruch, der einen Beschluss nicht endgültig verhindert – im Gegensatz zum absoluten Veto

Grundfragen der Demokratie in wissenschaftlicher Sichtweise

Von Klaus Zeleny

I. Zum vorliegenden Werk

1929 publizierte Hans Kelsen eine zweite, »umgearbeitete« Auflage seiner zuerst 1920 erschienen Monographie *Vom Wesen und Wert der Demokratie*. Auch hier zeigt sich sein unermüdliches Eintreten für die Demokratie und gegen jede totalitäre Strömung, das unter anderem in der Ausgabe von 1920 in der Auseinandersetzung mit der sowjetkommunistischen Ideologie manifestiert und in der Ausgabe von 1929 um die Auseinandersetzung mit der damals erstarkenden faschistischen Ideologie ergänzt wurde. Die Entstehungszeit des Werkes ist daher nicht nur im Zusammenhang mit den oftmals gesetzten zeitbezogenen Hinweisen (wie »heute«, »bisher«, »modern«, »neu«, »nun«, »jüngst«, »neuerdings«, »unsere Zeit«, »nicht allzu lange her«, »vor dem großen Krieg«, »des vorigen Jahrhunderts«, »des 20. Jahrhunderts«) zu berücksichtigen, sondern auch in der inhaltlichen Auseinandersetzung mit den beiden gerade erwähnten Ideologien, die ihre menschenverachtenden Tiefstpunkte noch nicht erreicht hatten. Andererseits zeigen Kelsens Ausführungen seine streng wissenschaftliche Ausrichtung, der es auf eine inhaltliche Auseinandersetzung ankommt, die unabhängig von moralischen Bewertungen der in die Diskussion gezogenen Überlegungen ist. Die zweite Auflage von 1929 wurde seither in 13 Sprachen übersetzt; die jüngste Übersetzung ins Ukrainische wurde 2013 publiziert.

Worum geht es? Kelsen geht von der Tatsache aus, dass das Zusammenleben der Menschen Regelungen bedarf, sowie von der Überlegung, dass die *Freiheit des Einzelnen* am ehesten dann gesichert ist, wenn dieser an der Erzeugung dieser Regelungen beteiligt ist. Daraus zieht er den Schluss, dass bei gleicher Gewichtung aller Stimmen die Entscheidung durch das *Mehrheitsprinzip*, also durch die einfache Mehrheit zu bevorzugen ist. Dies deshalb, weil dabei jedenfalls weniger Menschen überstimmt werden als zustimmen, eine größere Anzahl von Menschen ihrem Willen folgen kann als ihren Willen aufgeben soll; insofern bietet das Prinzip der Mehrheitsentscheidung die größtmögliche Annäherung an die Freiheit des Einzelnen. Im Ergebnis bedeutet Demokratie für Kelsen also eine bestimmte *Methode der Erzeugung der sozialen Ordnung* und ist keinesfalls mit einem bestimmten Inhalt dieser sozialen Ordnung verbunden.

Einen Hauptgrund, weshalb sich Kelsen zu einer auf diese Weise definierten Demokratie bekennt, stellt die Überlegung dar, dass die Demokratie bei einer relativistischen Weltanschauung – also bei der Annahme, dass absolute Werte für den Menschen letztlich nicht erkennbar sind – geeignet ist, Entscheidungen herbeizuführen, die zwar (wahrscheinlich oder doch nur möglicherweise) nicht immer absolut richtig sind, aber immerhin von der Mehrheit als (zumindest: relativ) richtig gesehen werden. (Dabei ist dem deutschen Juristen und Rechtsphilosophen Horst Dreier beizupflichten, dass Wertrelativismus nicht unbedingt die geistige Grundhaltung sein muss, um die Demokratie als Staatsform zu bevorzugen.)*

Weil in der sozialen Wirklichkeit eine große Anzahl von Menschen innerhalb eines Regelungsraumes zusammenleben, bilden – so ein weiterer Hauptpunkt Kelsens – der Parlamentarismus und die Existenz von politischen Parteien die einzige reale Form, in der die Idee der Demokratie praktiziert werden kann.** Dabei bevorzugt er das Verhältniswahlrecht, wonach in einem Wahlkreis mehrere Mandate vergeben werden, die nach dem Verhältnis der für die Kandidaten (politischen Parteien) abgegebenen Stimmen verteilt werden, weil dieses die politischen Strömungen genauer abbildet als das bloße Mehrheitswahlrecht, wonach in einem Wahlkreis nur ein Mandat zu vergeben ist, sodass unter Umständen 49,9 % der Stimmen nicht vertreten sind.

* Vgl. Horst Dreier, »Kelsens Demokratietheorie. Grundlegung, Strukturelemente, Probleme«, in: Hans Kelsens Wege sozialphilosophischer Forschung. Ergebnisse eines internationalen Symposiums in Wien (14.–15. Oktober 1996), hrsg. von Robert Walter und Clemens Jabloner, Schriftenreihe des Hans Kelsen-Instituts, Bd. 20, Wien 1997, S. 79 ff., 96 ff.

** Die politischen Parteien werden in der Bundesrepublik Deutschland seit 1949 insbesondere in Art. 21 Abs. 1 des Grundgesetzes genannt (»Die Parteien wirken bei der politischen Willensbildung des Volkes mit. Ihre Gründung ist frei. Ihre innere Ordnung muss demokratischen Grundsätzen entsprechen. Sie müssen über die Herkunft und Verwendung ihrer Mittel sowie über ihr Vermögen öffentlich Rechenschaft ablegen«), in Österreich ausdrücklich erst durch die Verfassungsbestimmung des Art. I des Parteiengesetzes von 1975, insbesondere dessen § 1 Abs. 1 (»Die Existenz und Vielfalt politischer Parteien sind wesentliche Bestandteile der demokratischen Ordnung der Republik Österreich [Art. 1 B-VG].«).

Freilich erfordert dies auch eine politische Kultur – Kelsen erwähnt in diesem Zusammenhang eine kulturell relativ homogene Gesellschaft, insbesondere gleicher Sprache, als eine die tatsächliche Umsetzung der Demokratie erleichternde Situation –, bei der die verschiedenen politischen Kräfte im Parlament zusammenarbeiten und Kompromisse schließen, und zwar nicht nur innerhalb der die Mehrheit stellenden politischen Parteien, sondern auch im Verhältnis zwischen Mehrheit und Minderheit. In diesem Sinn beleuchtet er zwei weitere Ansätze, zum einen die berufsständische Gliederung der Wahlberechtigten, die aber lediglich für interne Angelegenheiten eines Berufsstandes nutzbar gemacht werden kann, nicht aber für gesamtgesellschaftliche Entscheidungen, und zum anderen die Demokratisierung der Wirtschaft, also die Verstaatlichung der Wirtschaftsbetriebe, die die Sowjetverfassung vorsah und die lediglich durch die Diktatur der Sowjets umgesetzt werden konnte.

Dabei betont Kelsen, dass Fiktionen erforderlich sind, um letztlich von einer *Herrschaft der Beherrschten* sprechen zu können, nämlich insbesondere die Fiktion der tatsächlichen Repräsentation des Volkswillens durch das Parlament; für Kelsen stellen Parlament und Volk zwei verschiedene Staatsorgane dar, die jedes für sich seinen Willen bildet, und zwar das Parlament im parlamentarischen Prozess und das Volk in den Wahlen. Dabei ist weiters zu beachten, dass in der Regel nicht alle Rechtsunterworfenen tatsächlich wahlberechtigt sind. Kelsen erwähnt in diesem Zusammenhang etwa den Umstand, dass Frauen das Wahlrecht oftmals erst später erhielten als Männer (etwa in Deutschland und in Österreich 1918, in den USA 1920, in

Schweden 1921, in Spanien 1931, in Frankreich 1945, in der Schweiz auf Bundesebene erst 1971, auf Ebene einzelner Kantone erst 1990), aber auch dass – erstmals – die Sowjetverfassung sogar Nichtstaatsbürgern, die sich zu Arbeitszwecken in der Sowjetunion aufhalten, das Wahlrecht einräumt, freilich nicht ohne hinzuzufügen, dass dieselbe Sowjetverfassung große Teile der Bevölkerung als »Klassenfeinde« vom Wahlrecht ausschließt.

Des Weiteren erkennt Kelsen, dass die praktische Umsetzung und Aufrechterhaltung der Demokratie gewisser Absicherungen bedarf, insbesondere die tatsächliche Möglichkeit des Machtwechsels innerhalb des Regelungssystems; zu denken ist vor allem an die Freiheit des Einzelnen bei der Wahl, dann an die Freiheit der (Wahl-)Werbung beziehungsweise Information über Politik, an die Freiheit der Minderheit und letztlich an die Grund- und Menschenrechte, wie etwa die Meinungs- und die Pressefreiheit.

Keinesfalls verkennt er dabei die Probleme, die in den real bestehenden demokratischen Systemen auftreten und die den Idealen der Demokratie zuwiderlaufen können, etwa den Klubzwang bzw. die Parteiendisziplin im Parlament, dem bzw. der eine ständige Abberufungsmöglichkeit des Abgeordneten durch seine Wähler, wie sie die Sowjetverfassung vorsah, entgegenwirken kann, wobei diese Möglichkeit aber selbst auch wieder mit Gefahren für die Demokratie verbunden ist. Kelsen überlegt – offenbar angesichts einer bestehenden politischen »Unkultur« – auch die Einschränkung der parlamentarischen Immunität der Abgeordneten, die er im Hinblick auf ihre Schutzfunktion gegen die vom Monarchen gelenkte Exekutive sieht, die aber nunmehr letztlich auch dem Parlament untersteht, womit sich ein Schutz erübrigt, zumal sie durch die parlamentarische Mehrheit missbraucht werden kann.

Letztlich korrespondiert Kelsens Ideal der Demokratie als rationaler, friedlicher Wettstreit der verschiedenen politischen Meinungen, um das friedliche Zusammenleben der Menschen möglich zu machen, mit seinem auf Frieden und Toleranz gerichteten Menschenbild und mit den von ihm angenommenen Werten der Freiheit des Menschen in der Gesellschaft und dem Verzicht auf absolute Wahrheit.

Inhaltliche Veränderungen von erster zu zweiter Auflage

In gewissen Punkten lässt sich eine Veränderung der Argumentation in der Auflage von 1929 gegenüber der Auflage von 1920 feststellen: So spricht sich Kelsen 1920 für die Demokratisierung der Verwaltung aus, 1929 aber gegen eine solche: Die maßgebliche Willensbildung soll nun nämlich durch die Erlassung von Gesetzen im Parlament erfolgen, die dann gleichmäßig durch die ausschließlich an das Gesetz gebundene Vollziehung angewendet werden soll.

Und weiters: Weil seiner früheren Ansicht nach alle Gewalt beim Parlament vereinigt sein sollte, steht er 1920 der Gewaltenteilung skeptisch, 1929 hingegen durchaus positiv gegenüber, weil die verschiedenen, voneinander relativ unabhängigen Gewalten im Staat einander kontrollieren sollen.

II. Das Werk Kelsens im Allgemeinen

In engem Zusammenhang mit den demokratietheoretischen Überlegungen Kelsens stehen seine Arbeiten zur Staatslehre (politischen Theorie) im Allgemeinen. Dabei haben seine Schriften zur allgemeinen Staatslehre große Beachtung gefunden. Er beschäftigt sich aber auch mit der Staats- und Rechtslehre des Sozialismus, besonders des Marxismus.

Darüber hinaus ist sein wissenschaftliches Werk vielgestaltig; hier sollen nur einige Hinweise gegeben werden.

Rechtstheorie

Im Mittelpunkt des wissenschaftlichen Bemühens Kelsens stand insbesondere stets die Rechtstheorie; das von ihm entwickelte rechtstheoretische System wird »Reine Rechtslehre« genannt. In gewisser Weise stellt diese eine Fortentwicklung von Ansätzen dar, die sich in der positivistischen Rechtswissenschaft des 19. Jahrhunderts bereits angekündigt hatten. Der Rechtspositivismus dieser Epoche wollte in Abkehr von der Naturrechtslehre und nach dem Vorbild der Naturwissenschaften das von der sozialen Autorität gesetzte effektive Anordnungssystem als »Recht« erfassen, verkannte dabei jedoch weithin, dass aus einem solchen faktischen System, somit einem Sein, kein normatives System, als welches das »Recht« weithin aufgefasst wurde, gewonnen werden kann.* Dies wird nur durch Einführung

* Es geht also um die Vermeidung des sog. naturalistischen Fehlschlusses, der auch von George Edward Moore (1873–1958) 1903 in

einer entsprechenden Annahme – von Kelsen »Grundnorm« genannt – ermöglicht, die es erlaubt, das effektive System als ein normatives System zu beschreiben: Die »Grundnorm« muss von jenem als Annahme seiner wissenschaftlichen Bemühungen vorausgesetzt werden, der die Anordnungen der sozialen Autorität ihrem intentionalen Sinne nach als Sollensanordnungen deuten will. Diese Annahme ermöglicht also die Beschreibung dieser Anordnungen so, als ob sie gälten. Kelsen entwickelte damit den älteren Rechtspositivismus in den kritischen Rechtspositivismus weiter: Erst die »Grundnorm« als transzendentale Voraussetzung macht eine exakte und normative Rechtswissenschaft möglich. Dass richtig verstanden die »Grundnorm« keine die effektiven Ordnungen rechtfertigende Funktion haben kann, liegt damit auf der Hand.

Des Weiteren unternimmt es die Reine Rechtslehre, zwei Aufgabenstellungen zu bewältigen: nämlich 1. das Erkenntnisobjekt der Rechtswissenschaft, das Recht, so zweckmäßig und so genau wie möglich festzulegen und dabei die erforderlichen Grundannahmen zu treffen, und 2. das gewählte Erkenntnisobjekt so präzise wie möglich zu beschreiben. In diesem Sinn meint die Reine Rechtslehre, dass es (unter der Voraussetzung, dass man »Recht« als normative Ordnung deuten will) sinnvoll erscheint, die von einer sozialen Autorität ausgehenden, also von ihr gesetzten Sollensanordnungen, die auf konkreten Willensakten (auch solchen der Gemeinschaft, dem Gewohnheits-

seinem Werk *Principia ethica* beschrieben wurde. Er besagt, dass man vorschreibende (präskriptive) Aussagen bzw. Regeln nicht aus der Beschreibung von Realität ableiten darf (»Sein-Sollen-Fehlschluss«).

recht) beruhen und im Großen und Ganzen effektiv sind, zum Gegenstand der Betrachtung zu machen. Denn einerseits könne keine der Wertfreiheit verpflichtete Wissenschaft die Anordnungen einer übermenschlichen Autorität objektiv erkennen oder aus einem Sein (Natur) Sollensnormen ableiten. Und andererseits bestehe ein Erkenntnisinteresse (zumindest: auch) für diese Systeme: Man will nicht nur wissen, wie man letztlich »gut« handeln soll, sondern vielfach auch, was hier und jetzt an sanktionierten Sollensanordnungen der Gesellschaft an uns herantritt.

Die Reine Rechtslehre hat aber nicht nur den von ihr zu bearbeitenden Gegenstand in der dargelegten Weise umgrenzt und seine mögliche wissenschaftliche Betrachtung klarzumachen versucht; sie hat es auch (wie es Aufgabe einer Rechtstheorie ist) unternommen, einen zweckmäßigen Begriffsapparat zur Erfassung des positiven Rechts zu schaffen und allgemeine Einsichten in die Struktur des positiven Rechts herauszuarbeiten.

Soziologie

Kelsens Arbeiten zur Soziologie widmen sich vor allem dem Problem, dass man zwischen normativ-juristischer und deskriptiv-soziologischer Betrachtung strikt zu unterscheiden habe, was in der Staats- und Rechtslehre vielfach nicht beachtet wurde (und auch weiterhin nicht wird). Es geht ihm darum, deutlich zu machen, dass man nicht »den Staat« soziologisch und juristisch behandeln könne, sondern dass man dabei durch die Verschiedenheit der Methoden notwendigerweise zwei verschiedene Gegenstände in den Blick bekommt. In diesem Zusammenhang sind auch seine Bemühungen zu nennen, die Unrichtigkeit des Weges einer rein soziologischen – oder »realistischen« – Rechtslehre aufzuzeigen.

Staatsrecht und Völkerrecht

Kelsens Werk umfasst aber auch wichtige Beiträge zur Dogmatik des Staatsrechts und des Völkerrechts. Dabei hat er zunächst vor allem das österreichische Bundesverfassungsrecht, das von ihm als legistischer Berater wesentlich mitgestaltet wurde, bearbeitet. Das Völkerrecht war für Kelsen zunächst nicht in seinen inhaltlichen Einzelheiten, sondern im Hinblick auf seine spezifische Natur von Interesse, etwa in Bezug auf den Begriff der »Souveränität«. Erst später traten konkrete Regelungen in seinen Interessenbereich, zunächst das »Recht des Völkerbundes«, dann der Gedanke einer »neuen internationalen Organisation« und schließlich das Recht der Vereinten Nationen, zu dem er den ersten großen Kommentar schrieb. Dabei befasste er sich vor allem auch mit dem Problem der Friedenssicherung mit rechtlichen Mitteln.

Sozialgeschichte des Denkens und Sozialphilosophie

Nicht unerwähnt bleiben darf, dass Kelsen wichtige Beiträge auf einem Gebiet geleistet hat, das zwischen Ethnologie, Geistesgeschichte und Soziologie liegt. Es ging ihm dabei darum, Klarheit darüber zu gewinnen, ob – in Geschichte und Gegenwart des Menschen – spezifische, stets festzustellende Grundformen des menschlichen Denkens auszumachen sind. Basis dieser Bemühungen war ihm eine intensive

Befassung mit dem Geistesleben der Griechen – ihrer Religion, Philosophie und Dichtung – und umfangreiches ethnologisches Material. Herausgearbeitet wird dabei, dass die Menschen in den verschiedenen historischen Epochen und kulturellen Entwicklungsstufen alles Geschehen nach zwei ganz verschiedenen Denkweisen zu ordnen versuchten: dem Zusammenhang von Ursache und Wirkung und dem Zusammenhang von Vergehen und Strafe. Kausalgesetz und Vergeltungsprinzip sind also die – seit jeher stets feststellbaren – Formen, mittels derer der Mensch die »Welt« rational zu begreifen unternimmt. Kelsens ethnologische, historisch-faktische Untersuchungen liegen abseits von Rechtstheorie und Erkenntnislehre und dringen – um des »Ganzen der Erkenntnis« willen – kühn in ein die Fachdisziplinen übergreifendes Gebiet vor.

Rechtsphilosophie und die Frage der Gerechtigkeit

Schließlich hat sich Kelsen zeitlebens mit Rechtsphilosophie und Fragen der Gerechtigkeit auseinandergesetzt. Dabei hat er nie – wofür er durchaus eine philosophische Basis hätte angeben können – Sätze über die Gerechtigkeit als sinnlos angesehen, sondern sie stets ernsthaft dahingehend untersucht, welchen Inhalt sie haben und ob ihre objektive Geltung angenommen werden kann. Dabei führten ihn seine erkenntniskritischen Untersuchungen der Gerechtigkeitslehren allerdings zu der Einsicht, dass die verschiedenen Arten von Naturrecht und die vorgelegten Gerechtigkeitssysteme nicht objektiv begründbar sind (Werturteilsproblematik) und in vieler Hinsicht Regeln aufstellen, die als »Leerformeln« zu erweisen sind. Die Arbeiten auf diesem Gebiete behandeln das Problem der Naturrechtslehre und die Gerechtigkeitsdoktrinen nicht nur allgemein, sondern gehen auf die Lehren der griechischen Philosophie (Platon, Aristoteles) ebenso wie auf die Gerechtigkeitslehren im Christentum und auf neuere Naturrechtsprogramme ein.

III. Kelsens Leben und Forschungen

Der 1881 in Prag geborene Sohn einer deutschsprachigen jüdischen Familie (sein Vater stammte aus Brody in Ostgalizien, seine Mutter aus Neuhaus in Böhmen) zog schon 1885 mit seiner Familie nach Wien, wo der Vater einen kleinen Betrieb zur Erzeugung von Lampen und Kronleuchtern gründete. Die Eltern Kelsens scheinen religiös weitgehend indifferent gewesen zu sein, da sie ihren Sohn in die Evangelische Volksschule in Wien gaben, die als besonders gut galt. Kelsen selbst war ebenfalls religiös indifferent; dass er 1905 zum römisch-katholischen Glauben und 1912 zur evangelischen Kirche übertrat, hatte keine religiösen Gründe, sondern war ein Schritt zweckmäßiger Assimilation unter den damaligen Verhältnissen in Österreich. Sein gesamtes wissenschaftliches Werk zeigt einen durchdringenden kritischen Akzent, mit dem sich ein religiöser Agnostizismus zwanglos verbindet. In politischer Hinsicht bekannte sich Kelsen, wie schon angedeutet, zur Demokratie und zum Liberalismus, ohne diese persönlichen Bekenntnisse als wissenschaftliche Erkenntnisse ausgeben zu wollen.

Er besuchte also zunächst die Evangelische Volksschule,

später aus Geldmangel der Eltern die normale Volksschule, dann das angesehene Akademische Gymnasium in Wien (Matura im Jahr 1900). Nach dem vorgeschriebenen einjährigen Wehrdienst wandte er sich eher aus Vernunft als aus Neigung dem juristischen Studium an der Wiener Rechts- und Staatswissenschaftlichen Fakultät zu, das er absolvierte (Dr. iur. 1906), ohne dabei wissenschaftliche Befriedigung zu erlangen.

Nach Studienaufenthalten in Heidelberg, wo er am Seminar des führenden Staatsrechtslehrers Georg Jellinek (1851–1911) teilnahm, und in Berlin sowie verschiedenen juristischen Berufstätigkeiten wurde er 1909 Assistent, später Dozent an der Exportakademie (heute Wirtschaftsuniversität) in Wien. 1911 habilitierte sich Kelsen mit dem Werk *Hauptprobleme der Staatsrechtslehre* für Staatsrecht und Rechtsphilosophie an der Universität Wien (die Gutachter waren Edmund Bernatzik, 1854–1919, und Adolf Menzel, 1857–1938). Mit diesem Werk legte er den Grundstein zu einer neuen wissenschaftlichen Betrachtung des Rechts, die später unter der Bezeichnung »Reine Rechtslehre« oder »Wiener Rechtstheoretische Schule« weltweit bekannt wurde und es bis heute ist.

Seit 1912 war Kelsen mit Margarete, geb. Bondi (1890–1973) verheiratet; der Ehe entstammten zwei Töchter.

Im Ersten Weltkrieg leistete er seinen Militärdienst an verschiedenen Dienststellen in Wien ab und war zuletzt Hauptmann-Auditor und Rechtsberater des Kriegsministers. Vom Wintersemester 1910/11 bis in das Jahr 1916 war er mit Kursen und Vorträgen in der Wiener Volksbildung stark, danach bis 1928 vereinzelt engagiert. 1918 wurde er außerordentlicher Professor, 1919 ordentlicher Professor für

Staats- und Verwaltungsrecht an der Universität Wien, und zwar als Nachfolger von Edmund Bernatzik. An der Universität Wien lehrte er sowohl im rechtswissenschaftlichen als auch im neugegründeten staatswissenschaftlichen Studium. Waren es vor dem Ersten Weltkrieg vor allem Personen aus den verschiedenen Teilen der Monarchie gewesen, die in Wien mit Kelsen zusammentrafen und gemeinsam die rechtstheoretische Diskussion pflegten (etwa Adolf Julius Merkl, Alfred Verdross und Leonid Pitamic, später weiters Walter Henrich, Felix Kaufmann, Josef L. Kunz, Fritz Sander und Fritz Schreier), so kamen in den 1920er Jahren auch ausländische Gelehrte nach Wien, um mit Kelsen zusammenzuarbeiten, etwa Alf Ross aus Dänemark, Charles Eisenmann aus Frankreich, Julius Kraft aus Deutschland, Luis Legaz y Lacambra und Luis Recaséns Siches aus Spanien sowie Marinus Maurits van Praag aus den Niederlanden, aber auch Tomoo Otaka aus Japan und Wiktor Sukiennicki aus Polen. Im Lichte der damaligen Verhältnisse hervorzuheben ist, dass auch Frauen dem Kreis um Kelsen angehörten, etwa Elisabeth Ephrussi (verh. de Waal), Margit Fuchs (verh. Kraft-Fuchs), Gisela Rohatyn und Henda Silberpfennig (später Helen Silving-Ryu).

Als Konsulent der Staatskanzlei war Kelsen 1919–20 wichtiger und unvergessener Mitgestalter des Bundes-Verfassungsgesetzes 1920, der im Kern bis heute in Österreich geltenden Verfassung. Insbesondere die Einrichtung einer Verfassungsgerichtsbarkeit mit der Befugnis des Verfassungsgerichtshofes, generelle Rechtsakte, etwa Gesetze, aufzuheben (ein Modell, das zeitgleich auch in der Tschechoslowakei entwickelt wurde und sich nach dem Zweiten Weltkrieg in der Bundesrepublik Deutschland und später in vielen Staaten durchsetzte), ist bis heute mit seinem Namen verbunden.

Von 1919 bis 1930 war er nebenamtlich als Mitglied des Verfassungsgerichtshofes tätig, dessen Rechtsprechung er mitprägte. Nach der Absetzung als Verfassungsrichter wegen der vollständigen Neubesetzung des Verfassungsgerichtshofes im Zuge der Verfassungsnovelle 1929 und politischen Anfeindungen verließ er Wien und wurde 1930 ordentlicher Professor an der Universität Köln. Im Jahr 1933 wurde er von den nationalsozialistischen Machthabern wegen seiner jüdischen Abstammung seines Amtes enthoben. 1933–36 und 1938–40 war Kelsen Professor für Völkerrecht am Genfer Hochschulinstitut für internationale Studien, 1936–38 an der Deutschen Universität in Prag.

Im Jahr 1940 emigrierte Kelsen im Alter von fast 60 Jahren in die USA, was einen fast völligen Neubeginn darstellte. Zunächst war er als Lecturer an der Harvard Law School tätig (1940–42), dann am Political Science Department der University of California in Berkeley, an letzterer ab 1945 und bis zu seiner Emeritierung im Jahr 1952 als Professor, wo er sich vor allem dem Völkerrecht und der Rechtstheorie widmete. Eine ständige Rückkehr nach Österreich kam nicht zustande, jedoch besuchte Kelsen mehrere Male seine Heimat. Bis ins hohe Alter blieb er wissenschaftlich tätig; er starb 1973.

Literaturhinweise

Zur Demokratietheorie

Kelsen, Hans: Vom Wesen und Wert der Demokratie. Tübingen [1]1920.

- Demokratisierung der Verwaltung. In: Zeitschrift für Verwaltung 1921. S. 5 ff.
- Das Problem des Parlamentarismus. Wien 1925.
- Vortrag über die »Demokratie« und Schlusswort in der Diskussion über »Demokratie«. In: Verhandlungen des Fünften Deutschen Soziologentages, 26.–29. 9. 1926. Tübingen 1927. S. 37 ff., 113 ff.
- Verteidigung der Demokratie. In: Blätter der Staatspartei 2 (1932). S. 90 ff.
- Staatsform und Weltanschauung. Tübingen 1933.
- Foundations of Democracy. In: Ethics 66/1. Chicago 1955. S. 1 ff.

Dreier, Horst: Rechtslehre, Staatssoziologie und Demokratietheorie bei Hans Kelsen. Baden-Baden [2]1990.

Hacke, Jens: Existenzkrise der Demokratie. Zur politischen Theorie des Liberalismus in der Zwischenkriegszeit. Berlin 2018.

Jestaedt, Matthias / Lepsius, Oliver (Hrsg.): Hans Kelsen. Verteidigung der Demokratie. Tübingen 2006.

Lagi, Sara: Democracy in Its Essence. Hans Kelsen as a Political Thinker. Lanham [u. a.] 2021.

Lepsius, Oliver: Zwischen Volkssouveränität und Selbstbestimmung. Zu Kelsens demokratietheoretischer Begründung einer sozialen Ordnung aus der individuellen Freiheit. In: Hauke Brunkhorst / Rüdiger Voigt (Hrsg.): Rechts-Staat. Staat, internationale Gemeinschaft und Völkerrecht bei Hans Kelsen. Baden-Baden 2008. S. 15 ff.

Özmen, Elif (Hrsg.): Hans Kelsens Politische Philosophie. Tübingen 2017.

Ooyen, Robert Chr. van: Der Staat der Moderne. Hans Kelsens Pluralismustheorie. Berlin [2]2020.

Wiederin, Ewald: Ihr Recht geht vom Volk aus. Rechtsstaatliche Demokratie nach 90 Jahren Bundesverfassung. In: Vortragsveranstaltung des Österreichischen Juristentages. 90 Jahre Österreichische Bundesverfassung, 7. 9. 2010. Wien 2010. S. 15 ff.

Zur Staatslehre und Politischen Theorie

Kelsen, Hans: Sozialismus und Staat. Eine Untersuchung der politischen Theorie des Marxismus. Leipzig [1]1920, [2]1923.
– Allgemeine Staatslehre. Berlin 1925. – *Auch als Studienausgabe erschienen:* Allgemeine Staatslehre. Hrsg. von Matthias Jestaedt. Tübingen/Wien 2019.
– General Theory of Law and State. Übers. von Andreas Wedberg. Cambridge 1945.
– The Political Theory of Bolshevism. A Critical Analysis. Berkeley / Los Angeles 1948.
– The Communist Theory of Law. New York 1955.

Zur Rechtstheorie

Kelsen, Hans: Hauptprobleme der Staatsrechtslehre entwickelt aus der Lehre vom Rechtssatze. Tübingen [1]1911, [2]1923.
– Allgemeine Staatslehre. Berlin 1925.
– General Theory of Law and State. Übers. von Andreas Wedberg. Cambridge 1945.
– Reine Rechtslehre. Einleitung in die rechtswissenschaftliche Problematik. Leipzig/Wien [1]1934, Wien [2]1960. – *Studienausgabe der 1. Auflage 1934:* Hrsg. und eingel. von Matthias Jestaedt. Tübingen 2008. – *Studienausgabe 2. Auflage 1960:* Hrsg. und eingel. von Matthias Jestaedt. Tübingen/Wien 2017.
– Allgemeine Theorie der Normen. Im Auftrag des Hans Kelsen-Instituts aus dem Nachlass hrsg. von Kurt Ringhofer und Robert Walter. Wien 1979.

Zur Soziologie

Kelsen, Hans: Der soziologische und der juristische Staatsbegriff. Kritische Untersuchung des Verhältnisses von Staat und Recht. Tübingen [1]1922, [2]1928.
- Eine »Realistische« und die Reine Rechtslehre. In: Österreichische Zeitschrift für öffentliches Recht und Völkerrecht. Bd. 10. Wien/Leipzig 1959. S. 1 ff.

Zu Staatsrecht und Völkerrecht

Kelsen, Hans: Die Verfassungsgesetze der Republik Österreich. 5. Teil: Die Bundesverfassung vom 1.10.1920. Hrsg. in Verb. mit Georg Froehlich und Adolf J. Merkl. Wien/Leipzig 1922.
- Österreichisches Staatsrecht. Ein Grundriss entwicklungsgeschichtlich dargestellt. Tübingen 1923.
- Das Problem der Souveränität und die Theorie des Völkerrechts. Beitrag zu einer reinen Rechtslehre. Tübingen [1]1920, [2]1928.
- The Law of the United Nations. A Critical Analysis of its Fundamental Problems. London 1950.
- Principles of International Law. New York 1952.

Zur Sozialgeschichte des Denkens und Sozialphilosophie

Kelsen, Hans: Vergeltung und Kausalität. Eine soziologische Untersuchung. Den Haag / Chicago 1941.
- Society and Nature. A Sociological Enquiry. Chicago 1943.
- Secular Religion. A Polemic against the Misinterpretation of Modern Social Philosophy, Science and Politics as »New Religions«. Aus dem Nachlass von Hans Kelsen hrsg. von Robert Walter, Clemens Jabloner und Klaus Zeleny. Wien 2012.

Zur Rechtsphilosophie

Kelsen, Hans: Die philosophischen Grundlagen der Naturrechtslehre und des Rechtspositivismus. Charlottenburg 1928.
– Was ist Gerechtigkeit? Wien 1953. [Auch erschienen in Reclams Universal-Bibliothek, 19366. Stuttgart 2016.]
– Die Illusion der Gerechtigkeit. Eine kritische Untersuchung der Sozialphilosophie Platons. Im Auftrag des Hans Kelsen-Instituts aus dem Nachlass hrsg. von Kurt Ringhofer und Robert Walter. Wien 1985.

Zu Kelsens Gesamtwerk

Dreier, Horst: Hans Kelsen zur Einführung. Hamburg 2023.

Nachdrucke aller Werke Kelsens erscheinen in chronologischer Reihenfolge in: Kelsen, Hans: Werke. Hrsg. von Matthias Jestaedt in Kooperation mit dem Hans Kelsen-Institut. Tübingen 2007 ff. [Bisher sind Bd. 1–9 mit den Schriften 1905–1923 erschienen.].

Zu Kelsens Biographie

Kelsen, Hans: Autobiographie. Hans Kelsen im Selbstzeugnis. In: Hans Kelsen: Werke. Bd. 1: Veröffentlichte Schriften 1905–1910 und Selbstzeugnisse. Hrsg. von Matthias Jestaedt in Koop. mit dem Hans Kelsen-Institut. Tübingen 2007. S. 19 ff.

Olechowski, Thomas: Hans Kelsen. Biographie eines Rechtswissenschaftlers. Tübingen 22021.